Nistkästen
und
Futterhäuser

Mary Maguire

Nistkästen
und Futterhäuser

30 Modelle zum Selberbauen

Bechtermünz

Erstmals veröffentlicht 2000 unter dem Titel
Creating Birdhouses von Lorenz Books
Copyright © Anness Publishing Limited 2000

Lorenz Books ist ein Imprint der
Anness Publishing Limited
Hermes House
88-89 Blackfriars Road
London SE1 8HA
England

Deutsche Erstausgabe

Copyright © der deutschen Übersetzung
Weltbild Verlag GmbH, Augsburg 2000
Lektorat: Margaret Malone
Fotografie: Peter Williams
Hand-Model: Ruper Skinner
Layout: Kathryn Gammon
Illustrationen: Lucinda Ganderton
Koordination und Bearbeitung der deutschen Ausgabe:
Meidenbauer • Martin Verlagsbüro
Übertragung ins Deutsche: Imke Brockhaus-Araya
Redaktion: Andreas Peez
Umschlaggestaltung: Georg Lehmacher, Friedberg (Bayern)
Umschlagmotive: OKAPIA, Holger Dufy (U1 großes Bild und U4),
OKAPIA, Konrad Wothe (U1 links unten), Mauritius, Lange (U1 rechts unten)
Gesamtherstellung: South China Printing Co., Hong Kong

Printed in China

ISBN 3-8289-1592-2

Inhalt

Einleitung

Ihr Garten, gleichgültig ob Sie auf dem Land oder in der Stadt leben, kann einen wichtigen Beitrag zur Erhaltung der Tierwelt leisten und besonders unseren Vögeln das Überleben erleichtern. Die Intensivierung der Landwirtschaft und die überall aus dem Boden sprießenden Siedlungen und Gewerbegebiete vertreiben viele unserer gefiederten Freunde aus ihren angestammten Revieren. Ohne unsere Gärten sieht ihre Zukunft düster aus.

Ein Garten wird durchschnittlich von 15 bis 20 Vogelarten besucht, darüber hinaus stellen sich etwa zehn seltenere Arten gelegentlich ein. Wenn Sie ihnen Futterplatz und Nistkasten zur Verfügung stellen, schützen Sie nicht nur die Natur, sondern machen auch sich selbst eine Freude. Im Gegenzug helfen Ihnen Ihre kleinen Besucher, Ungeziefer wie Blattläuse und Schnecken, die sich gerne über Blumen- und Gemüsebeete hermachen, im Zaum zu halten.

Vogelhäuser sind eine Zierde für jeden Garten, und verleihen ihm einen persönlichen Charakter, mehr noch, wenn Sie sie selbst gebaut haben. Die Anleitungen in diesem Buch reichen vom einfach dekorierten Kasten bis zu kunstvollen Häusern, es macht kreative Vorschläge zur Gestaltung von Futterspendern und Vogelbädern – für Anfänger genauso wie für Könner: für jeden Garten ist etwas dabei.

Sie erfahren, wie die Vogelhäuser gepflegt und wo sie angebracht werden sollten, damit die gefiederten Gäste vor Raubtieren sicher sind.

Was für eine Freude, wenn ein Vogel sich in einem von Ihnen selbst gebauten Nistkasten niederlässt. Ob das Weibchen Eier legt? Wann werden die Jungen schlüpfen? Und wenn die Alten dann anfangen, Futter zum Nest zu schaffen, wartet alles aufgeregt auf die ersten Flugstunden der Jungen. Spannender geht es kaum. Dies zu beobachten ist ein Erlebnis nicht nur für Kinder.

Dieses Buch zeigt, wie Sie mit wenig Aufwand Zahl und Artenvielfalt der Vögel in Ihrem Garten erhöhen können. Hier finden Sie Tipps zur Fütterung und vogelgerechten Gartengestaltung, damit sich unsere gefiederten Freunde bei Ihnen wie zu Hause fühlen.

Bei aller Ästhetik bleiben die Anleitungen in diesem Buch immer praktisch, dazu durch bebilderte sowie detailliert und verständlich erklärte Schritt-für-Schritt-Anleitungen auch für Anfänger leicht nachzuvollziehen.

Oben: Selbst in städtischen Gärten finden Vögel genügend Astlöcher und Spalten, in denen sie sich ausruhen, Futter finden und sogar nisten können.

Gefiederte Freunde

Die Domestizierung von Vögeln hat eine lange Geschichte. Immer schon haben sie sich in der Umgebung des Menschen aufgehalten. Essensreste sorgten für eine reich gedeckte Tafel und Gebäude boten angenehme Ruheplätze. Anfangs betrachteten die Menschen Vögel hauptsächlich als Nahrungsquelle. Vermutlich waren Tauben die ersten geflügelten Haustiere. Ihr Fleisch war schmackhaft, sie waren einfach zu füttern und vermehrten sich rasant. Ägypter und Römer bauten auf ihren Dächern Taubentürme, die innen mit Simsen versehen waren, auf denen die Tiere ruhen und nisten konnten.

Die Indianer Nordamerikas stellten der Purpurschwalbe Flaschenkürbisse als Nistkästen zur Verfügung: die Präsenz der Schwalben sollte die Geier von dem in der Sonne dörrenden Fleisch fernhalten. In Nordamerika dienen Flaschenkürbisse auch heute noch als Nistkästen, und die gesamte Purpurschwalben-Population östlich der Rocky Mountains lebt an vom Menschen für sie geschaffenen Plätzen.

Erst in neuerer Zeit begann der Mensch, sich Vögel in seine Gärten zu holen, um sie zu beobachten. Im Juni 1782 notierte Gilbert White in seinem Tagebuch, dass sein Bruder Thomas Muschelschalen mit der Innenseite nach oben unter die überhängenden Dachkanten seines Hauses genagelt hatte. Die Hausschwalben, die er damit anlocken wollte, nahmen diese Nistplätze sofort an.

Anfang des 19. Jahrhunderts entwickelte Charles Waterton, ein Pionier der Naturkunde, der sein Gut in Yorkshire in ein Naturschutzgebiet verwandelte, steinerne Nistkästen für Schleiereulen und Dohlentürme nach dem Vorbild der Taubenschläge.

In Großbritannien wurden Nistkästen unter anderem durch Baron von Berlepsch populär. Ende des 19. Jahrhunderts entschied er sich nach zahlreichen Experimenten für ein Modell, das sich am Nest der Spechte orientierte. Es bestand aus einem Stück Baumstamm, das an einem Ende ausgehöhlt wurde. An der Vorderseite führte ein Loch in die so entstandene Kammer, an der Rückseite wurde ein hölzerner Deckel befestigt. Dieses einfache, rustikale Modell erwies sich als so erfolgreich, dass ähnliche Nistkästen noch heute in Gebrauch sind.

Inzwischen gibt es unzählige Typen von Nistkästen und Vogelhäusern, von rein funktionalen Exemplaren bis zu raffinierten Miniaturnachbildungen der Häuser ihrer Besitzer.

Einen Zufluchtsort für Vögel schaffen

Wenn Ihr Garten ein Rückzugsort für wild lebende Vögel werden soll, empfiehlt es sich, deren Bedürfnisse schon in der Planungs- und Pflanzphase zu berücksichtigen. Ein eingewachsener, von einer dichten Hecke umgebener Garten mit alten Bäumen, blühenden Pflanzen und einer Vielfalt von Sträuchern bietet optimale Lebensbedingungen und Schutz für Vögel.

Die Auswahl der Pflanzen

Eine artenreiche Vegetation ist wichtig, um Insekten anzulocken, die während der Nistphase eine wichtige Rolle spielen. Am günstigsten sind Pflanzen, die Nüsse, Beeren und Samen hervorbringen. Die dichten Zweige des Weißdorns sind ideal für den Nestbau, schützen zudem vor Wind und Regen. Die Sträucher wachsen schnell und tragen im Herbst schmackhafte Beeren. Wenn möglich, überlassen Sie einen Teil des Gartens sich selbst. Wählen Sie einheimische Baumarten, an die die Vögel gewöhnt sind. Viele Vögel lieben die saftigen, dunkelroten Holunderbeeren, aber auch ein Apfel- oder Birnbaum ist für die Vögel ein Gaumen- und für Sie selbst ein Augenschmaus.

Bienen, Schmetterlinge und Motten, von denen sich die Vögel im Sommer ernähren, werden von Wegrainpflanzen angezogen. Außerdem liefern sie Samen, die im Herbst als Nahrung dienen. Eine gute Wahl sind Kornblumen, Herbstastern, Nachtkerzen, Klatschmohn, Löwenmäulchen und natürlich Sonnenblumen, deren ölreichen Samen Kleiber und Finken nicht widerstehen können.

Auf Rasen lassen sich die Vögel hervorragend beobachten. Gießen Sie bei Trockenheit regelmäßig, damit die Würmer an die Oberfläche kommen.

Gärten in der Stadt

In der Stadt ist die Vielfalt der Vögel nicht so groß wie auf dem Land, dafür bietet ein städtischer Garten mehrere Vorteile. Zum einen ist die Luft wärmer, so dass es seltener friert, und die Vögel können im Licht der Straßenlaternen länger nach Futter suchen. Stadtvögel sind an Menschen gewöhnt und lassen sich daher besser beobachten. Am besten ans Stadtleben angepasst sind Sperlinge und Haustauben, aber auch viele ausgefallenere Arten wissen die Vorteile dieses Lebensraums zu schätzen.

Oben links und rechts: Vielleicht gibt es in Ihrem Garten bereits Stellen, die sich mit ein wenig Fantasie in ausgezeichnete Nistplätze verwandeln lassen. Wichtig ist, dass sie vor zu viel Wind, Regen und Sonne geschützt sind.

Im eigenen Garten Vögel beobachten

Oben: Der einfachste Weg, Vögel in Ihren Garten zu locken, ist, ihnen Futter anzubieten. Das gilt besonders für den Winter, wenn die natürlichen Nahrungsquellen zu versiegen drohen.

Welche Vogelarten Ihr Garten anzieht, hängt weitgehend von seiner geographischen Lage und der Umgebung ab. In Europa werden sich hauptsächlich Amsel, Hausspatz, Blaumeise, Rotkehlchen, Buchfink, Grünfink, Elster, Feldsperling, Türkentaube, Zaunkönig und Heckenbraunelle einstellen, während sich in den USA auch Kolibris und Goldfinken gerne in den Gärten aufhalten.

Einige Stammgäste werden gegen Ende des Winters aufs Land zurückkehren oder in geeignetere Brutgebiete ziehen. In dieser Zeit werden Sie Vögel an Ihrem Futterhäuschen entdecken, die Sie noch nie in Ihrem Garten gesehen haben. Im Frühling, wenn die Revierkämpfe beginnen, wird die Zahl der gefiederten Besucher sinken.

Das Revier

Vögel haben ein festes Territorium, in dem sie nach Futter suchen und/oder brüten. Gelingt es einem Tier nicht, sich ein solches Territorium zu sichern, kann es weder nisten noch brüten. Unter Umständen droht ihm sogar der Hungertod. Um die Rangordnung zu klären, plustert sich ein aggressiver Vogel auf, hebt drohend die Schwingen und hackt mit dem Schnabel nach dem Rivalen. Der Unterlegene duckt sich und legt die Federn an.

Gekämpft wird hauptsächlich, wenn ein Neuankömmling in ein Gebiet mit einer schon etablierten Vogelpopulation eindringt und rangmäßig eingeordnet werden muss. Gelegentlich kommt es sogar zu Kämpfen auf Leben und Tod.

Tagesablauf

Vögel sind Frühaufsteher, die bereits vor der Morgendämmerung aus voller Kehle singen. In diesen Chor stimmen die verschiedensten Arten ein. Etwa eine halbe Stunde lang wird so der Sonnenaufgang angekündigt.

Beim Frühstück kommt es häufig zu Streitereien, an denen sich die Hackordnung beobachten lässt. Zuerst stellen sich Amseln und Drosseln ein, die den Rasen nach Würmern und Larven absuchen. Bedächtig hüpfen sie lautlos über das Gras, immer auf der Suche nach Beute. Später gesellen sich dann die Stare hinzu.

Auf der Tagesordnung stehen zwei wichtige Aktivitäten: die Nahrungssuche und -aufnahme, die sich über den ganzen Tag hinzieht, und die Pflege des Federkleids. Dieses ist nicht nur für die Flugfähigkeit wichtig, sondern schützt gleichzeitig vor Wärmeverlust. Nach dem Bad wird daher eifrig geputzt. Dabei wird Fett aus der Bürzeldrüse am hinteren Teil des Körpers mit dem Schnabel über die Federn verteilt und verstrichen, bis sie glatt anliegen.

Die Partnersuche

Der Jahreslauf eines Vogels wird von drei wichtigen Ereignissen bestimmt: Brut, Mauser und für bestimmte Arten der Vogelzug. Im allgemeinen beginnt die Balz zu Beginn des Frühjahrs, das ist allerdings wetterabhängig. Bei genauem Beobachten fällt Ihnen vielleicht auf, dass sich um diese Zeit die Wachshaut am Schnabelansatz bei den Weibchen rosa, bei den Männchen graublau färbt.

Bei der Partnersuche kann es Liebe auf den ersten Blick sein, das Werben kann sich manchmal aber auch bis zu einer Woche hin ziehen. Wenn sich die Paare einmal gefunden haben, sind sie oft unzertrennlich. Sie schlafen und essen gemeinsam, und das Männchen verteidigt sein Weibchen energisch gegen Rivalen. Üblicherweise wählt sie den Ort für das Nest und ist auch für den Bau zuständig, wobei ihr das Männchen häufig hilft und sie mit Nahrung versorgt. Eine Ausnahme ist der Zaunkönig: Hier baut das Männchen ganz allein.

Der Nestbau

Der Hausbau ist sehr anstrengend und kann sich über einen ganzen Monat hinziehen. Jede Art hat ihren eigenen Baustil, anhand dessen sich der Besitzer des Eigenheims identifizieren lässt.

Die beliebtesten Baumaterialien sind Zweige, Lehm, Tannennadeln, Moos, getrocknete Gräser, Federn und Abfall. Nach Abschluss der Arbeiten steht das Nest zunächst leer, weil sich das Weibchen vor der Eiablage erholen muss. Dabei verliert sie einen Teil ihrer Brustfedern, bis ein stark durchblutetes Hautstück freiliegt. Dieser so genannte Brutfleck wirkt wie eine Wärmflasche und hält die Eier in der richtigen Temperatur.

Die Aufzucht der Jungen

In Abständen von 24 Stunden werden die Eier gelegt, bis das Gelege komplett ist. Während dieser Zeit braucht das Weibchen regelmäßige Pausen, um zu fressen und sich zu entleeren. Die Eier werden regelmäßig gewendet und verteilt, so dass sie gleichmäßig warm bleiben. Bei einigen Arten (z.B. den Staren, Spechten und Mauerseglern) beteiligt sich auch das Männchen am Brüten und entwickelt wie seine Partnerin einen Brutfleck.

Das Schlüpfen dauert mehrere Tage. Zunächst stößt das Junge seinen Schnabel in den Luftsack am stumpfen Ende der Schale und beginnt zu atmen. Danach hackt es einen Ring aus kleinen Löchern in die Schale, bis es eine Art Deckel abheben kann. Bleiben Sie dem Nest in dieser Phase fern, manche Vögel werden jetzt aggressiv.

Wenn die Jungen geschlüpft sind, müssen sie warm gehalten und gefüttert werden. Die Jungvögel ernähren sich hauptsächlich von Insekten, Würmern und Spinnen.

Flügge werden

Schon bevor den Jungen Federn gewachsen sind, sprengen sie fast das Nest. Wenn die Flügel ausgewachsen sind, heißt es, fliegen lernen. Wenn sie das Nest verlassen, bleiben sie in den ersten Tagen an einem sicheren Ort, an dem sie von ihren Eltern mit Futter versorgt werden. Sobald sie genügend Mut gefasst haben, folgen sie den Alten. Die Fähigkeit zu fliegen ist ihnen angeboren, aber oft bedarf es ein wenig Ermutigung. Zwar sind die komplizierten Flügelbewegungen angeboren – doch Übung macht den Meister.

Die Mauser

Ein ausgewachsener Vogel erneuert sein Federkleid ein bis zweimal jährlich und zwar am Ende der Brutzeit, um beschädigte oder abgenutzte Federn zu ersetzen. Diese Zeit kann für das Tier sehr anstrengend sein. Das Fliegen fällt ihm schwerer, und es braucht seine ganze Energie, um seine Körpertemperatur zu halten und gleichzeitig neue Federn zu produzieren. Bevor der Winter einsetzt und sich die Zugvögel auf die Wanderung begeben, muss die Mauser abgeschlossen sein.

Vogelzug

Manche Vögel wie die Meise verlassen im Winter ihr Sommerrevier im Wald nur weil sie in den Gärten einer nahe gelegenen Stadt mehr Futter finden. Echte Zugvögel wie die Schwalben sammeln sich dagegen in Schwärmen und brechen gegen Ende des Sommers in wärmere Länder oder sogar Kontinente auf. Hier verbringen sie die Wintermonate und kehren im Frühjahr zurück.

Unten: So niedlich die Jungen auch sein mögen, sie müssen lernen zu überleben; dabei kann jedes Eingreifen des Menschen nur schädlich sein.

Vögel anlocken

Es ist ungeheuer befriedigend, wenn Vögel einen Garten annehmen und ihn regelmäßig aufsuchen. Dieses Ziel lässt sich schon mit einfachen Mitteln erreichen.

Futterplätze

Wenn im Winter die Nahrung in der Natur knapp wird und der gefrorene Boden für die Schnäbel der Vögel zu hart ist, wissen sie einen Futterplatz in ihrem Garten besonders zu schätzen.

Unten: Füttern Sie im Winter zweimal täglich, einmal am frühen Morgen und dann wieder am frühen Nachmittag.

Der Aufwand ist gering: Der gedeckte Tisch kann auf einem Pfosten stehen, in einer Halterung befestigt sein oder an einem Ast hängen. Um den Regen abzuhalten, sollte der Futterplatz überdacht sein. So wird auch vermieden, dass der Wind die Körner davonträgt. Wer will, kann zusätzliche Futter- und Wasserspender anbringen.

Futterspender

Zoo- und Gartencenter führen eine große Auswahl von Futterspendern für die verschiedensten Samen und Nüsse. Sie verhinden, dass die Körner vom Wind verstreut werden. Wer solche Vorrichtungen lieber selbst bastelt, findet in diesem Buch Anleitungen dafür. Große Kosten sind damit nicht verbunden. Manche lassen sich direkt am Fenster befestigen, so dass Sie Ihre Besucher aus nächster Nähe beobachten können.

Nistkästen

Die einfachsten Modelle werden in Bäume oder an Mauern gehängt. Im Handel erhältlich sind hauptsächlich mit Kreosot behandelte Nistkästen aus einfachem Holz und rustikal wirkende ausgehöhlte Baumstämme mit Dach. Jede Vogelart hat jedoch ihre eigenen Bedürfnisse. Ausschlaggebend ist die Größe des Fluglochs.

Für den selbst gebastelten Nistkasten eignet sich Holz vermutlich am besten. Es sollte allerdings nicht dünner als 15 mm sein, weil es sich sonst verziehen könnte und nicht ausreichend isoliert. Gut geeignet sind alte Fußbodenbretter, weil sie genügend abgelagert sind. Mit Weichholz lässt sich zwar einfacher arbeiten, Hartholz wie Eiche hält dagegen besser. Sperrholz ist auf jeden Fall geeignet.

Die Maserung sollte immer senkrecht verlaufen, damit das Regenwasser besser abfließen kann. Leimen Sie alle Verbindungsstellen, bevor Sie sie verschrauben oder verwenden Sie galvanisierte Nägel: die rosten nicht in feuchter Umgebung.

Vögel brauchen keine Sitzstangen außerhalb des Nistkastens. Raubtiere könnten dort Halt finden, verzichten Sie also darauf.

Der Nistkasten muss warm und trocken sein, aber nicht luftdicht abgeschlossen, weil sich sonst Kondenswasser bildet. Lassen Sie Ihrer Fantasie freien Lauf, die Möglichkeiten sind auch bei herkömmlichen Typen und Materialien bei weitem noch nicht ausgeschöpft.

Vogelhäuser

In Zoo- und Gartengeschäften finden sich sehr ansprechende Modelle. Normalerweise stehen fertig gekaufte Vogelhäuser auf Pfosten. Bevor Sie sich eines davon zulegen, sollten Sie überprüfen, ob es auch wirklich den Bedürfnissen der Art entspricht, für die es gedacht ist. Bei unseren Anleitungen sind die typischen Bewohner immer angegeben, allerdings gibt es immer regionale Abweichungen.

Ruheplätze

Die meisten Vögel stecken nachts den Kopf unter den Flügel und schlafen mit aufgeplustertem Gefieder, um sich warm zu halten. Feste Ruheplätze, an denen sie vor schlechtem Wetter und Raubtieren sicher sind, kommen ihnen sehr entgegen. Oft ziehen sie sich zum Schlafen in Nistkästen zurück. Verzweifeln Sie daher nicht, wenn sich kein Pärchen in ihrem Nistkasten oder Vogelhaus niedergelassen hat. Höchstwahrscheinlich suchen hier trotzdem Vögel Zuflucht, und bei schlechtem Wetter kann ein solcher Ort Leben retten.

Vogelbäder

Ihren Flüssigkeitsbedarf decken Vögel hauptsächlich über die Nahrung, sie müssen darüber hinaus aber trotzdem trinken. Körnerfresser brauchen besonders viel Trinkwasser, weil ihr Futter sehr trocken ist. Die meisten Arten tauchen den Schnabel ins Wasser und legen den Kopf in den Nacken. Vögel schwitzen nicht: Um sich Kühlung zu verschaffen, öffnen sie den Schnabel und hecheln.

Wasser ist aber vor allem wichtig, damit die Tiere darin baden können. Weil die Qualität des Federkleides nicht nur die Flugfähigkeit beeinflusst, sondern auch die nötige Isolierung garantiert, sind Bäder im Sommer genauso wichtig wie im Winter. Kein Vogel kann die kalten Winternächte überstehen, wenn sein Gefieder nicht ausreichend gepflegt ist. Bei Frost ist es daher für die Vögel lebenswichtig, dass das Vogelbad nicht zugefroren ist. Achten Sie täglich darauf! In diesem Buch finden Sie ein Modell mit einer genialen Frostschutzvorrichtung. Setzen Sie dem Wasser nie Frostschutzmittel oder Salz zu, das könnte tödliche Folgen haben.

Sorgen Sie für Schatten. Solange die Vögel in der Nähe Deckung finden, kann das Bad auch an einer offenen Stelle angebracht werden. Für kleinere Vögel sind sanft abfallende Seitenwände wichtig, das Wasser sollte aber auch immer tief

Oben: In diesen Flechthäuschen finden Vögel einen gemütlichen Schlafplatz und Schutz vor unfreundlichem Wetter. Sie sind nicht teuer und wirken zwischen den Ästen eines Baumes ganz natürlich.

Links: Für die Gefiederpflege sind regelmäßige Bäder wichtig. Bildet sich im Winter eine Eisschicht, entfernen Sie sie niemals mit Frostschutzmittel.

genug für Amseln und Tauben sein. Da es keine Pflanzen gibt, die für Sauerstoff sorgen, bilden sich innerhalb kürzester Zeit Algen. Wenn das Bad nicht regelmäßig gereinigt wird, kann dies zu unangenehmen Gerüchen führen. Bei heißem Wetter sollten sie es daher täglich säubern und das Wasser erneuern.

Rauen sie glatte Oberflächen durch Sand oder Kies auf, damit die Vögel nicht ausrutschen. Ein großer Stein in der Mitte bietet den Vögeln einen Landeplatz. Springbrunnen und fließendes Wasser mögen Vögel besonders gern.

Für Vögel sorgen

Innerhalb kürzester Zeit werden sich die Tiere an Ihren Garten gewöhnt haben und sich auf das zusätzliche Nahrungsangebot verlassen. Sorgen Sie also dafür, dass sie dort den ganzen Winter über Wasser und Futter finden.

Standort und Pflege des Vogelhauses

Bei der Auswahl des Standorts sind mehrere Faktoren zu berücksichtigen. Wo Kinder spielen oder die Hauskatze jagt, da sollten Sie kein Vogelhaus platzieren. Wichtig ist auch, dass die Vögel in der Nähe Deckung finden können, falls Gefahr droht.

Bringen Sie die Nistkästen so an, dass sie von der vorherrschenden Windrichtung abgewandt und vor Regen und grellem Sonnenlicht geschützt sind. Ein leicht nach vorne gekippter Nistkasten bietet besseren Schutz. Schlagen Sie keine Nägel in Bäume, sondern verwenden Sie spezielle Halterungen. Die Kästen sollen zwar sicher befestigt sein, dürfen aber ruhig Spiel haben. Als Aufhängung eignen sich Draht oder Schnur.

Ideal ist es, die Nistkästen im Herbst anzubringen. Sie können dann so den Winter über als Ruheplätze dienen und warten schon, wenn die Vögel zu Beginn des Frühjahrs mit der Suche nach einem Brutplatz beginnen. Im Winter sorgen Watte, Stroh oder Sägespäne für gute Isolierung. Im Frühling, vor Beginn der Nistzeit, müssen Sie das Polstermaterial entfernen. Hängen Sie nicht zu viele Nistkästen auf. Rotkehlchen und Meisen können ein starkes Revierverhalten zeigen und werden dann ihren eigenen Artgenossen gegenüber aggressiv.

Wichtig ist die Reinigung von Vogelhäusern und Nistkästen nach Ende der Brutzeit. Waschen Sie sie mit einem milden Desinfektionsmittel aus. Dabei sollten Sie zum Schutz vor Parasiten Gummihandschuhe tragen.

Wenn die Nistkästen angenommen worden sind, sollten Sie auf keinen Fall hineinschauen. Das könnte die Mutter dazu bringen, ihre Jungen zu verlassen oder vorzeitig aus dem Nest zu treiben.

Fütterung

Vögel wissen frisches Futter zu schätzen. Wenn es nicht möglich ist, ihnen das zu bieten, sollten zumindest regelmäßige Frühstückszeiten eingehalten werden. Füllen Sie den Futterspender, wenn Sie verreisen, oder hängen Sie Fettstückchen an Äste.

Da die Tiere bei schlechtem Wetter über Nacht bis zu zehn Prozent ihres Körpergewichts verlieren können, brauchen sie viel Fett und Kohlehydrate. Talg, Käse, Speckrinden und Schmalz sind ausgezeichnete Energiequellen. Krähen, Stare, Meisen und Spechte lieben Speckrinden, Fett und zerbröselten Käse.

Wie sich ein Vogel ernährt, lässt sich häufig schon an seiner Schnabelform ablesen. Die harten, dicken Schnäbel der Finken eignen sich hervorragend, um Körner und Samen zu knacken und zu zermahlen. Rotkehlchen und Zaunkönige mit ihren schmalen weichen Schnäbeln ernähren sich von den weichen Raupen, Larven und anderen Insekten. Möwen, Stare und Amseln besitzen Allzweckschnäbel, die es ihnen erlauben, von allem etwas zu fressen.

Geben Sie Vögeln nie Kokosraspeln oder ungekochten Reis, beides kann im Magen aufquellen und tödlich wirken. Heben Sie etwas Fallobst für den Winter auf, aufgeschnitten wird es an der Vogeltafel zum Leckerbissen.

Unten: Weniger ist mehr. Ein bis zwei Nistkästen sind für einen durchschnittlichen Garten vollkommen ausreichend. Ein Überangebot kann zu Problemen führen.

In Zoohandlungen finden sie fertige Samenmischungen. Sie können aber auch Ihre eigene Mischung aus Hirse, Sonnenblumenkernen, Hanfsamen, Nigerhirse, Popcorn-Mais, Weizen- und Gerstenkörnern herstellen. Beliebt sind auch Nüsse. Deren Schalen sollten allerdings vorher geknackt werden. Erdnüsse lassen sich in der Schale auf Faden oder Draht auffädeln. Meiden Sie Mehrfachfäden, weil sich die Vögel mit den Füßen darin verfangen könnten. Nüsse müssen immer frisch sein, Schimmel produziert nämlich ein für viele Gartenvögel tödliches Gift.

Eine halbe Kokosnuss an einer Schnur kostet nicht viel und hat großen Unterhaltungswert, wenn die Meisen darin herumturnen. Ist die Schale leergefressen, kann man sie mit einer nahrhaften Mischung aus Nüssen, Samen und geschmolzenem Fett füllen.

Futterspender sollten nicht in Bäumen hängen. Vögel bevorzugen offene Plätze, an denen sie nicht so leicht von Katzen überrascht werden können. Sauberkeit ist von größter Bedeutung, da durch den Kot bakterielle Infektionen übertragen werden können. Entfernen Sie übrig gebliebenes Futter, bevor es anfängt zu schimmeln. Wenn Ihr Futterspender nicht sofort angenommen wird, ist das kein Grund zur Besorgnis. Es kann bis zu zwei Wochen dauern, bis ein Futterplatz von der Population eines Viertels akzeptiert wird.

Vögel schützen

Das Leben eines Vogels steckt voller Gefahren. Die meisten Tiere sterben jung. Die durchschnittliche Lebenserwartung eines erwachsenen Singvogels beträgt nicht mehr als zwei Jahre. Der Sommer fordert genauso seinen Tribut wie der Winter, und die Brutzeit birgt ebenso viele Risiken wie der Vogelzug.

Wenn Sie wollen, dass Ihr Garten von Vögeln besucht wird, müssen Sie auch für deren Schutz sorgen. Besonders gefährlich sind Katzen. Falls Sie selbst eine besitzen, hängen Sie ihr eine Glocke um, um die Vögel zu warnen, oder behalten Sie sie zumindest während der morgendlichen Fütterung im Haus. Nistkästen dürfen für Katzen nicht erreichbar sein. Ein um den Kasten gewickelter Hühnerdraht kann ein brauchbarer Schutz sein, die Maschen müssen aber so groß sein, dass die Vögel hindurchschlüpfen können.

Futter auf dem Boden lockt Ratten an, die jede Gelegenheit nutzen, Vogeleier zu stehlen und zu fressen. Das gilt

auch für graue Eichhörnchen, die mit den Zähnen das Eingangsloch der Nistkästen vergrößern, um an die Nestlinge zu kommen. Futterplätze und -spender sind ebenfalls bedroht. Glatte, schlüpfrige Pfosten verhindern, dass Katzen, Eichhörnchen und Ratten zu den Vogelhäusern hinaufklettern.

Wenn der Nistkasten in einem Baum hängt, kann ein glatter Schutzkragen aus Plastik rund um das Eingangsloch oder eine rutschige Rückenplatte für größere Sicherheit sorgen. Ein Vorsprung auf der Innenseite unterhalb des Eingangslochs schützt den Nestling vor Raubtieren.

Es gibt verschiedene Organisationen, die sich dem Schutz und der Erhaltung wild lebender Vögel verschrieben haben und die ihre Fragen gerne beantworten werden. Setzen Sie sich mit den Ortsgruppen in Verbindung, sie wissen am besten über die Vögel in Ihrer Umgebung Bescheid. Wir können alle unseren Teil dazu beitragen, dass diese Lebewesen in ihrer ganzen Vielfalt erhalten bleiben, auch wenn ihre natürlichen Lebensräume immer stärker bedroht sind.

Oben: Bringen Sie die Nistkästen so weit oben an, dass sie für Raubtiere, vor allem Katzen, unerreichbar sind. Besonders gefährlich sind Vorsprünge an der Außenseite des Kastens.

Bastelmaterial

Gemütliche Nester kann man aus vielen Materialien bauen. Im Schuppen finden sich bestimmt Stöcke, Schnur, Draht und Holzabfälle.

Maschendraht aus Aluminium

Für Futterspender. Im Eisenwaren- oder (seltener) Bastelgeschäft. Durch große Maschen können die Vögel hindurchpicken, Drahtnetze, durch die das Regenwasser abfließen kann, eignen sich als Boden.

Ton

Ein Vogelhaus aus Töpferton muss im Ofen gebrannt werden. Bei selbsthärtendem Ton ist das nicht nötig; er ist in verschiedenen Farben erhältlich, unter anderem in Stein- und Terrakottatönen. Lackieren Sie die Oberflächen, damit sie wasserdicht werden.

Kokosnuss

Vögel lieben frische Kokosnuss. Bieten Sie niemals getrocknete Kokosnüsse an. Leergefressene Schalenhälften können Sie für den Bau eines Vogelhauses verwenden oder mit einer Meisenmischung füllen.

Wellblech für Dächer

Ein Reststück aus dem Baumarkt reicht für ein großes Vogelhaus. Zur Befestigung brauchen Sie Spezialschrauben.

Korbfutter

Für Körbe gibt es ein moosähnliches Material, das z.B zur Verkleidung von Hühnerdraht verwendet werden kann.

Farben und Lacke

Verwenden Sie Außenfarben in Matt - oder Seidenqualität. Emulsionsfarbe (Latex) muss für den Außenbereich geschützt werden (z. B. durch Bootslack). Für feinere Malarbeiten bieten sich die Email- und Acrylfarben an.

Pinsel

Sie brauchen eine Auswahl kleinerer Anstreicherpinsel sowie mitteldicke und feine Künstlerpinsel für die Feinarbeit. Falls Sie Ölfarben verwenden, reinigen Sie die Pinsel in weißem Spiritus (Terpentin).

Palette

Farben lassen sich ausgezeichnet auf einer weißen Keramikfliese oder einem alten Teller mischen.

Fertiggekaufte Vogelhäuser

Man bekommt sie zu günstigen Preisen und sie lassen sich individuell im Stil Ihres Gartens umgestalten.

Dachschindeln und -ziegel

Alte Dachschindel und - ziegel eignen sich hervorragend als wetterfestes Dach für Vogelhäuser.

Selbstklebende Dachfolie

Da dieses widerstandsfähige bleifarbene Material vollkommen wasserdicht ist, eignet es sich hervorragend für die Dächer von Vogelhäusern.

Muschelschalen

Dekoration für Vogelhäuser aus Holz. Recyceln Sie eine alte Muschelkette oder suchen Sie am Strand nach schönen Exemplaren.

Stöcke

Grüngestrichene Stöcke und Bambusstäbe sind in großer Auswahl im Handel zu finden. Dickere Pfosten können sogar ein ganzes Vogelhaus tragen. Weidenruten sind geschält und ungeschält erhältlich; vorher eingeweicht lassen sie sich gut flechten. Schön gerade sind Haselzweige.

Schnur

Ganz normale Haushaltsschnur ist vielseitig einsetzbar, unter anderem lassen sich Futterspender daran aufhängen. Witterungsbeständige grüne Gartenschnur und natürlicher Raffiabast eignen sich hervorragend zur Befestigung. Haltbar und gleichzeitig dekorativ ist Seegrasschnur.

Draht

Plastikbeschichteter Hühnerdraht sieht gut aus und schont die Hände. In verschiedenen Stärken ist Gartendraht mit Plastikbeschichtung erhältlich. Beim Bau und bei der Aufhängung von Vogelhäusern kommt galvanisierter Draht zum Einsatz. Wesentlich dünner ist Blumendraht, der sich vor allem zum Binden eignet.

Holz

Für wetterfeste Vogelhäuser, die lange halten sollen, verwenden Sie am besten mindestens 15 mm dickes Holz. Gehobeltes Kiefernholz ist in den verschiedensten Stärken erhältlich. Große Vogelhäuser wirken besonders attraktiv, wenn die Wände mit Holzbrettern verschalt oder in Nut-und-Feder-Technik gebaut werden. Sperrholz (für den Bootsbau und den Außenbereich) lässt sich leicht mit einer kleinen Laubsäge in Gitterwerk und kleine Teile zuschneiden.

Von oben links im Uhrzeigersinn: Naturbelassenes Holz, gehobeltes Kiefernholz, fertig gekauftes Vogelhaus, Weide (naturbelassen und behandelt), Maschendraht aus Aluminium und Drahtnetz, plastikbeschichteter Draht, Farben, Pinsel, Schnur, Futterstoff, Dachziegel, Kokosnuss, selbstklebende Dachfolie, Ton, Stöcke und Muschelschalen.

Werkzeug

Für Vogelhäuser brauchen Sie keine Spezialwerkzeuge. Aber Vorsicht, wenn Sie Werkzeuge zum ersten Mal benutzen. Vergleichen Sie immer noch einmal mit den Schablonen, bevor Sie Stücke zuschneiden.

Klebstoffe

Bevor Sie hölzerne Vogelhäuser leimen, fixieren Sie die Verbindungsstellen mit Kreppband. Für die Verbindung von unterschiedlichen Werkstoffen empfiehlt sich Zweikomponentenkleber auf Expoxydharzbasis. Verwenden Sie nur Kleber, der auch für den Außenbereich geeignet ist.

Packpapier

Bei Maler- oder Klebearbeiten schützen dickes Packpapier oder alte Zeitungen die Arbeitsfläche.

Messer und Schere

Verwenden Sie nur Handwerkermesser mit scharfer Klinge und schützen Sie die Arbeitsfläche durch eine Unterlage. Selbstklebende Dachfolie lässt sich besser mit dem Messer als mit der Schere schneiden.

Bohrer und Aufsätze

Bohren Sie Löcher für Schrauben und andere Beschläge vor. Mit Bohrraspeln lassen sich Eingangslöcher bis zu einem Durchmesser von 25 mm ausschneiden. Für größere Durchmesser gibt es entsprechende Aufsätze. Wenn diese nicht zur Verfügung stehen, eignen sich auch Laubsägen.

Handschuhe

Bei Arbeiten mit Draht schützen Gartenhandschuhe vor Kratzern. Mit Gummihandschuhen bleiben die Hände auch bei Maler- und Töpferarbeiten sauber.

Hammer und Nägel

Verwenden Sie galvanisierte Nägel oder beschichtete Drahtstifte, die nicht rosten.

Stift und Lineal

Um Holz exakt zu markieren, brauchen Sie einen gut gespitzten Bleistift und ein Lineal. Benutzen Sie ein Metalllineal, wenn Sie mit einem Werkzeugmesser schneiden.

Zangen

Für Drahtarbeiten sind Kombizangen und kleine Kneifzangen gleich gut geeignet. Zusätzlich benötigen Sie eine Drahtschere. Dachfolie lässt sich mit einer Blechschere schneiden.

Schmirgelpapier

Glätten Sie Sägekanten mit einem in mittelfeines Schmirgelpapier eingewickeltes Holzklötzchen. Für die Kanten des Eingangslochs wickeln Sie Schmirgelpapier um einen Finger.

Sägen

Für gerade Schnitte reicht ein Fuchsschwanz, für tiefere Schnitte empfiehlt sich eine Bügelsäge. Geschwungene Linien werden mit der Laubsäge ebenso geschnitten wie komplizierte, kleinteilige Muster. Dabei liegt das Holz auf einem Sägebrett, das auf der Werkbank festgeschraubt wird. Für Metall benutzen Sie selbstverständlich eine Metallsäge.

Schrauben und Schraubenzieher

Schrauben halten große, schwere Bauteile sicher zusammen. Verwenden Sie für den Außenbereich beschichtete nicht rostende Pozidriv-Schrauben.

Schraubstock und Zwingen

Ein Schraubstock oder eine verstellbare Werkbank halten das Holz beim Sägen fest. Will man mit dem Fuchsschwanz lange Leisten zurecht sägen, benutzt man am besten einen Spannstock. Um eine Kokosnuss zu zersägen, klemmen Sie sie in eine Schraubzwinge. Zwingen in verschiedenen Größen, Wäscheklammern, halten während der Montage zusammen.

Im Uhrzeigersinn von oben links: Schmirgelpapier und Holzklötze, Bügelsäge und Fuchsschwanz, Bohrer mit Aufsätzen, Packpapier, Metallsäge, Pinsel, Bleistift und Lineal, Werkzeugmesser und Kreppband, Scheren, Zangen und Schneider, Schraubenzieher und Schrauben, Hammer und Nägel, Zweikomponentenkleber auf Expoxydharzbasis, Holzleim und Spachtel, Kunststoff- und Stoffhandschuhe, Schraubstock

Überraschungen für Gourmets

Im Winter kann das Überleben der Vögel von Ihnen abhängen. Wenn Sie einmal angefangen haben zu füttern, sollten Sie keinen Tag mehr auslassen.

Das brauchen Sie

Apfel
Spieß
Gartendraht
Drahtschere
Sonnenblumensamen
Metallösen
Kiefernzapfen
Schnur
Schere
Erdnussbutter ohne
Stückchen, ungeröstet und
ungesalzen
(Naturkostgeschäft)
Messer
Körnermischung
Hirsekolben
Raffiabast
Stopfnadel
Zwirn
Ungeröstete Erdnüsse in der
Schale
Ganze Kokosnuss
Metallsäge
Bohrer

Typische Gäste

Goldfinken
Kirschkernknacker
Kernbeißer

1 Durchbohren Sie den Apfel und fädeln Sie ihn auf ein langes Stück Gartendraht. Wickeln Sie das Drahtende um die Unterseite des Apfels, damit er nicht abrutscht, und spicken Sie ihn mit Sonnenblumenkernen.

2 Schrauben Sie die Metallösen an der Unterseite der Kiefernzapfen fest. Dann von der Schnur entsprechende Stücke abschneiden, die Zapfen auffädeln und sie der Größe nach zusammenbinden. Hängen Sie alles in eine Pergola.

3 Binden Sie Hirsekolben mit Raffiabast zusammen. Fädeln Sie mit einer Stopfnadel die Erdnüsse auf Zwirn zu langen Ketten auf. Jetzt eine Kokosnuss in zwei Hälften sägen. Bohren Sie an der Kante der einen Hälfte zwei Löcher. Ziehen Sie Draht durch die Löcher, verzwirbeln Sie die Enden und hängen Sie die Nuss in die Pergola.

4 Abgefressene Zapfen lassen sich mit Erdnussbutter (ohne Stückchen, ungeröstet und ungesalzen) aufpeppen. Schmieren Sie die Zapfen damit ein und tauchen Sie sie in eine Mischung aus kleinen Körnern.

Futterspender aus Draht

Dieser Futterspender besteht aus kleinen Aluminiumdosen und Alugeflecht. Die Dosen lassen sich mit einer einfachen Haushaltsschere schneiden. Achten Sie aber darauf, dass es keine scharfen Kanten gibt. Die Füllung kann aus verschiedenen Nüssen und großen Körnern bestehen.

1 Schneiden Sie eine kleine Getränkedose in der Mitte durch, zeichnen Sie auf beide Hälften einen dekorativen Bogenrand und schneiden Sie das Muster aus. Scharfe Ecken müssen entfernt werden.

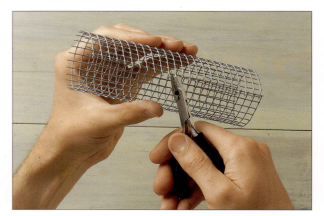

2 Schneiden Sie aus Drahtgeflecht ein Rechteck aus, das zusammengerollt innen in die Dose passt. Dieses um die Flasche wickeln. Zur Befestigung ziehen Sie die abgeschnittenen Drahtenden durch die Maschen und biegen sie mit einer Zange um.

3 Bohren Sie ein Loch in jeden Dosenboden. Passen Sie die Drahtröhre in die Dosenhälften ein und ziehen Sie einen galvanisierten Draht durch beide Hälften. Jetzt das untere Drahtende zu einer flachen Spirale rollen, damit der Futterspender nicht abrutscht.

4 Lassen Sie den Draht oben so weit überstehen, dass das Oberteil zum Nachfüllen abgenommen werden kann, und geben Sie noch einmal 75 mm dazu. Schneiden Sie den Draht ab. Drehen Sie das Ende zu einer flachen Spirale und biegen Sie den Draht um einen dicken Stift zu einem Haken.

Süße Leckerei

Mit diesem Herz bereiten Sie nicht nur den Vögeln eine Freude, es sieht nett aus und wird besonders Ihren Kindern gefallen. Auch leere Joghurtbecher eignen sich als Formen für Meisenfutter, allerdings muss die Masse vor dem Einfüllen abkühlen.

Das brauchen Sie

75 g Schweineschmalz
Kochtopf
Geschälte Nüsse
Samenkörner
Beeren
Holzlöffel
Schnur
Herzform
Rosinen
Getrocknete Preiselbeeren
Gartendraht
Drahtschere
Schale mit Wasser
Band

Typische Gäste

Star
Meise
Kleiber
Seidenschwanz

1 Schmelzen Sie im Kochtopf 75 g Schweineschmalz und rühren Sie eine großzügige Portion geschälte Nüsse, Samenkörner und Beeren unter.

2 Legen Sie ein doppeltes Stück Schnur unten in die Form und löffeln Sie die Mischung um sie herum. Dann die Oberfläche glattstreichen und die Mischung abkühlen lassen.

3 Schneiden Sie den Draht so ab, dass er um das Herz herumreicht, und fädeln Sie abwechselnd Rosinen und Preiselbeeren auf. Verzwirbeln Sie die Enden und weichen Sie den Kranz ein, damit die Früchte aufquellen.

4 Lösen Sie die erkaltete Mischung aus der Form und binden Sie die Schnur an die verzwirbelten Drahtenden, so dass das Herz im Kranz hängt. Dann eine Schleife um die Verbindungsstelle binden.

Futterspender aus Kokosnuss

Die Plastikröhre aus einem recycelten Kosmetikbehälter eignet sich gut als Körnerspender. Zum Nachfüllen lässt sich das Kokosnussdach zur Seite hin abnehmen. Geschickte Turner wie Meisen wissen diesen Futterspender besonders zu schätzen.

Das brauchen Sie

2 Kokosnüsse
Bohrer
Lochsäge
Messer
Metallsäge
4 cm langes Stück einer
Plastikflasche mit geraden
Wänden
Schere
Blumendraht
Zweige
Kleine Zange
Schnur
Perle

Typische Gäste

Rotkehlchen
Spatz
Hänfling

1 Bohren Sie oben in die Nüsse zwei kleine Löcher und gießen Sie die Milch ab. Dann zwei 5 cm große Löcher einander gegenüber ausschneiden und oben ein drittes Loch von gleicher Größe aussägen.

2 Sägen Sie die zweite Nuss in der Mitte durch. Säubern Sie die eine Hälfte (Dach) vom Fruchtfleisch. Bohren Sie oben in der Mitte ein kleines Loch und bringen Sie auf jeder Seite nahe am Rand zwei weitere kleine Löcher an.

3 Bohren Sie unterhalb der großen Seitenöffnungen je zwei möglichst kleine Löcher in die erste Nuss (Halterung für die Sitzstangen). Nun auf jeder Seite zwei weitere Löcher für die Dachbefestigung bohren.

4 Schneiden Sie die Plastikflasche zu einer Röhre zurecht. Schneiden Sie unten einander gegenüber zwei Halbkreise aus (für die Körner). Führen Sie nun die Röhre durch die große Öffnung oben in die erste Kokosnuss ein.

5 Befestigen Sie unter jedem Seitenloch eine Sitzstange. Den Blumendraht von innen durch die Bohrlöcher nach außen ziehen. Den Draht um den Zweig legen, vorne kreuzen und die Enden durch die Bohrlöcher wieder ins Innere führen. Die Drähte verzwirbeln.

6 Für das Dach ziehen Sie Schnur durch die Seitenlöcher in Ober- und Unterteil. Binden Sie eine Perle als Anker an ein Stück doppelt genommene Schnur und ziehen Sie die Schnur als Aufhängung durch das Loch in der Mitte des Daches.

Flaschenfütterung

In diesem eleganten und gleichzeitig praktischen Futterspender bleiben die Körner trocken. Die austretende Futtermenge hängt davon ab, in welcher Höhe die Flasche angebracht ist. Halten Sie die Öffnung zu, wenn Sie die gefüllte Flasche befestigen, sonst fallen die Körner heraus.

Das brauchen Sie

Flasche
L-förmige Halterung aus galvanisiertem Metall (Lochschiene)
Eventuell Metallsäge
Galvanisierten Draht
Zange
Törtchenform mit herausnehmbarem Boden, 13 cm Durchmesser (Einwegform)
Aluminiumnetz
Alte Schere
Epoxydharzkleber
Blumendraht

Typische Gäste

Meise
Spatz

1 Halten Sie die Flasche an die Metallhalterung und kürzen Sie diese, falls notwendig, mit einer Metallsäge.

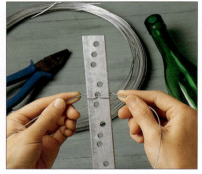

2 Schneiden Sie ein Drahtstück so ab, dass es kreuzweise über die Flasche reicht. Dann beide Drahtenden durch ein geeignetes Loch oben an der Halterung fädeln.

3 Legen Sie die Flasche auf die Halterung, und wickeln Sie den Draht um die Flasche herum zu einem Kreuz. Ziehen Sie den Draht zur Befestigung durch ein Loch in der Schiene.

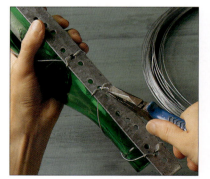

4 Wiederholen Sie den Vorgang am Flaschenhals, so dass die Flasche durch zwei gekreuzte Drähte gehalten wird. Dann die Drahtenden hinten an der Halterung verzwirbeln.

5 Entfernen Sie den Boden der Törtchenform (Einwegform), und schneiden Sie nach dieser Vorlage ein rundes Stück Aluminiumnetz aus. Kleben Sie jetzt das Netz in den Boden der Form.

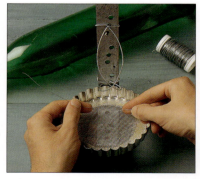

6 Den Blumendraht durch das Aluminiumnetz fädeln und die Form damit am Querarm der Halterung befestigen.

Vogelhäuser dekorieren

Preisgünstige Fertighäuschen können Sie nach Ihrem Geschmack umgestalten.
Schon ein wenig Farbe sorgt für Veränderung. Raffiniertere Effekte lassen sich
mit Muscheln, Buntglas und Blättern aus Stoff erzielen.

Alpenhäuschen

Das brauchen Sie

Fertiges Vogelhaus
Grundierung
Pinsel
Bleistift
Emulsionsfarbe (Latex) in
Zartblau, Rostrot, Weiß,
Grau, Blassgelb und
Hellgrün
Mattierung
Lackpinsel

Typischer Bewohner

Meise

1 Grundieren Sie das Vogelhaus, und lassen Sie es trocknen.
Zeichnen Sie die Details mit Bleistift auf, und malen Sie
Dach, Fensterläden, Mauerwerk und Blumenkasten zartblau aus.

2 Wenn die blaue Farbe trocken ist, die Wände rostrot streichen.

3 Malen Sie die Details an Giebel und Fensterläden in Weiß
auf. Umranden Sie Mauerwerk und Blumenkasten mit
grauer Farbe. Malen Sie Vorhänge, die Blumen im Kasten und
Gras hellgrün an.

4 Malen Sie lose verteilt blassgelbe Blumen mit hellgrünen
Blättern auf Vorderseite und Seitenwände des Häuschens.
Wenn die Farbe trocken ist, wird die Mattierung aufgetragen.

Zarte Romantik

Das brauchen Sie

Fertiges Vogelhäuschen
Grundierung
Pinsel
Schere
Papier und Bleistift
Emulsionsfarbe (Latex) in
Rostrot und Zartblau
Selbstklebende Dachfolie
Werkzeugmesser und
Unterlage
Mattierung und Pinsel

Typische Bewohnerin

Meise

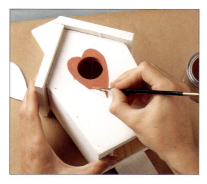

1 Grundieren Sie das Vogelhaus, und lassen Sie es trocknen. Schneiden Sie aus Papier ein Herz aus, und legen Sie es über das Einflugloch. Ziehen Sie die Umrisse mit Bleistift nach, und malen Sie das Herz rostrot aus.

2 Malen Sie die Wände zartblau an. Wenn sie trocken sind, kleine Sternchen mit einem sehr feinen Künstlerpinsel in Rostrot aufmalen.

3 Schneiden Sie für das Dach ein Stück Folie zurecht. Kleben Sie es auf, und schlagen Sie die Ecken unter die Dachkanten. Versiegeln Sie die bemalten Flächen mit Mattierung.

Häuschen im Blätterkleid

Das brauchen Sie

Fertiges Vogelhäuschen
Grundierung
Pinsel
Emulsionsfarbe (Latex) in
Mittelblau
Wasserfestes grünes
Segeltuch
Schere
Tacker
Allzweckkleber
Eventuell
Wachsimprägnierung in
Sprayform

Typische Bewohner

Kleiber
Zaunkönig

1 Das Vogelhaus grundieren, trocknen lassen. Streichen Sie das Häuschen in einer Kontrastfarbe zu Ihrem Segeltuch. Anschließend trocknen lassen. Schneiden Sie das Segeltuch in 4 cm lange spitz zulaufende Stücke. Tackern Sie die Streifen von unten anfangend auf das Haus.

2 Tackern Sie überlappend die Streifenreihen auf Vorderteil und Seiten. Am Einflugloch wird der betreffende Streifen eingeschnitten, nach innen umgebogen und festgeklebt. Lassen Sie ein paar Fransen in den Eingang ragen.

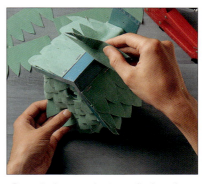

3 Bedecken Sie die Seitenflächen des Dachs mit Streifen. Der oberste Streifen wird doppelt breit geschnitten, damit er über den First passt, und auf beiden Seiten ausgezackt.

4 Zum Schluss werden die Bänder an den Giebeln festgetackert. Falls der Stoff nicht wasserdicht ist, besprühen Sie das Ganze mit Wachsimprägnierung.

Muschel-arrangement

Das brauchen Sie

Fertiges Vogelhäuschen
Muscheln, Buntglas und
Perlen
Fertigzementmörtel für
Fliesen
Palettenmesser (Metallspatel)
Eventuell scharfes Messer

Typische Bewohner

Meise
Spatz

1 Wählen Sie ein paar schöne Muscheln für die Dachvorsprünge aus. Tragen Sie den Zement immer nur auf eine kleine Fläche auf und zwar so dick, dass die Muscheln darin festen Halt finden.

2 Legen Sie rund um das Einflugloch ein regelmäßiges Muster aus kleinen Muschelschalen und Perlen. Anschließend das Muster nach außen hin fortsetzen, bis Vorderteil und Seiten vollständig bedeckt sind.

3 Für das Dach brauchen Sie zwei flache Jakobsmuscheln. Achten Sie darauf, dass sie fest in Zement eingebettet sind.

4 Eine Schwertmuschelschale eignet sich hervorragend für den Dachfirst. Schneiden Sie sie gegebenenfalls mit einem scharfen Messer zurecht, und betten Sie sie großzügig in Zement ein. Jetzt den Überschuss entfernen und alles trocknen lassen.

Oben: Am schönsten sind Muschelschalen in verschiedenen Größen, Formen und Farben.

Tontopf

Für dieses Häuschen brauchen Sie einen Brennofen. Vielleicht können Ihnen die Schule oder das Bürgerzentrum am Ort weiterhelfen. Sie müssen dafür kein Töpfer sein. Richten Sie sich beim Einflugloch nach der Größe der Vögel.

Das brauchen Sie

Papier
Bleistift
Schere
Gummihandschuhe
Ton
Nudelholz
Werkzeugmesser
Plastikrohr, 10 cm
Durchmesser (Sanitärbedarf)
Braunes Tonpapier
Runde Ausstechform
Ahle
Brennofen

Typischer Bewohner

Zaunkönig

1 Schneiden Sie folgende Formen aus Papier aus: einen Kreis mit 12 cm Durchmesser, ein Rechteck 12 x 35 cm und einen Halbkreis mit 37 cm Durchmesser. Rollen Sie den Ton 8 mm dick aus, und schneiden Sie die Formen aus. Wickeln Sie das Rohr in Papier ein, und legen Sie das Tonrechteck darüber.

2 Legen Sie die Enden übereinander, und streichen Sie sie mit dem Daumen glatt. Von der Oberkante aus ca. ein Drittel der Gesamthöhe abmessen und dort mit einer glatten runden Form ein 25 mm großes Einflugloch ausstechen.

3 Setzen Sie das runde Tonteil unten an, ohne das Rohr aus dem Tonzylinder zu entfernen. Streichen Sie die Verbindungsstellen, glatt und entfernen Sie das Rohr.

4 Formen Sie aus dem Halbkreis einen Tonkegel (Dach). Dann die Verbindungsstellen wieder glattstreichen.

5 Formen Sie aus Tonresten einen kleinen Vogel als Schmuck für das Dach. Modellieren Sie die Flügel getrennt, und markieren Sie mit einer Ahle vorsichtig Federn und Augen.

6 Drücken Sie einen kleinen Tonklumpen oben auf das Dach, und pressen Sie den Vogel mit der Unterseite darauf. Unterteil und Dach getrennt im Ofen brennen. Pressen Sie vor dem Brennen Blätter in den Ton.

Sommerimpressionen

Die dekorativen Details und die verwittert wirkende Farbe erinnern an ein Sommerhaus am Meer. Als Stützen für das Dach reichen einfache Rundhölzer oder ein Besenstiel. Eleganter sind natürlich gedrechselte Beine von einem alten Möbelstück.

Das brauchen Sie

Kiefernbretter, 20 mm
Bleistift
Lineal
Stichsäge
Bohrer
Holzleim
4 Schrauben
Schraubenzieher
Laubsäge
Sandpapier
Vier 20 cm lange Rundhölzer
(Durchmesser 20 mm)
Sperrholz, 4 mm
Beschichtete Drahtstifte
Hammer
Wasserfarben (Kobaltblau,
Umbra, Türkisblau,
Ockergelb, Siena gebr.)
Pinsel
Vaseline
Weiße Emulsionsfarbe
(Latex)
Lötlampe
Bootslack, seidenmatt
Wasserschüssel

Typische Bewohner

Star
Spatz
Rotkehlchen

1 Zeichnen Sie Unterteil, Dachrahmen und Giebelseiten auf 20 mm dickes Kiefernholz. Schneiden Sie die Teile mit einer Stichsäge aus. Bohren Sie vier 20 mm große Löcher in die Ecken von Ober- und Unterteil. Dabei ist zu beachten, dass die Löcher genau übereinander liegen. Leimen Sie die Giebelseiten an den Dachrahmen und schrauben Sie sie fest.

2 Bohren Sie ein Anfangsloch für die Laubsäge in das Unterteil. Sägen Sie dann an einer Schmalseite 5 cm vom Rand entfernt ein Loch mit 7,5 cm Durchmesser aus. Nun alle Oberflächen abschmirgeln. Kleben Sie die vier Rundhölzer als Stützen an Dachrahmen und Unterteil fest. Lassen Sie alles über Nacht trocknen.

3 Sägen Sie für jede Giebelseite fünf 25 mm breite Streifen aus Sperrholz aus und schneiden Sie sie in Form. Sägen Sie für jede Dachfläche sieben 25 mm breite Streifen aus. Dann die Bogenkanten für Dach und Unterteil, die vier Streifen für die Giebelseiten und die beiden Rauten für die Firstenden aussägen. Schmirgeln Sie alle Oberflächen ab.

4 Leimen Sie die Sperrholzstreifen auf die Giebelseiten, und nageln Sie sie mit den Stiften fest. Befestigen Sie die Dachlatten auf den Seitenflächen und die Bogenkanten an Dachkanten und Unterteil. Ein Stück Pappe hält kleine Stifte beim Nageln fest.

5 Rühren Sie Kobaltblau und Umbra mit viel
Wasser an (beide Farben zu gleichen Teilen),
und streichen Sie damit das Futterhäuschen.
Wenn die Farbe trocken ist, verteilen Sie eine
dünne Schicht Vaseline mit den Fingern. Streichen
Sie nun jedes Teil für sich mit weißer Emulsions-
farbe (Latex), und trocknen Sie die Farbe mit
einer Lötlampe, damit sie verwittert wirkt.
Mischen Sie für die Dachüberhänge ein wenig
Türkisblau und Ockergelb in die Emulsion.

6 Tragen Sie eine mit viel Wasser angerührte
Mischung aus Ockergelb und Siena auf (beide
Farben zu gleichen Teilen), damit die Farbe antik
wirkt. Die Farbe trocknen lassen und mit Bootslack seidenmatt versiegeln. Befestigen Sie das
Häuschen auf einem gekauften Ständer, und
stellen Sie einen Wassernapf hinein.

Improvisation aus Bambus

Diese Konstruktion wird mit zwei Schraubhaken an der Wand befestigt. Wählen Sie einen Platz in Fensternähe, damit Sie die Vögel bequem vom Sessel aus beobachten können.

Das brauchen Sie

Fuchsschwanz
Holzreste
Bleistift
Lineal
Bohrer
Bambusstäbe
Clips
Gartenschnur
Schere
Material für das Dach
(Reststück)
Flache Backform
2 Wäscheklammern
Schneebesen aus Draht

Typische Gäste

Meise
Goldfink

1 Auf den Holzrest ein 12 x 16 cm großes Rechteck zeichnen und aussägen. Bohren Sie in alle vier Ecken ein Loch und stecken Sie vier 90 cm lange Bambusstäbe hinein. Zwei kurze Bambusstücke abschneiden und zur Stabilisierung diagonal zwischen die oberen Enden der langen Stäbe klemmen.

2 Befestigen Sie mit Gartenschnur waagrecht verlaufende Stäbe als Halterung für die Backform. Die Schablone hinten im Buch dient Ihnen als Orientierung. Bringen Sie zur Verstärkung auf jeder Seite zwei diagonale Stäbe an (siehe Abbildung).

3 Binden Sie die Halterung für das Dach fest. Orientieren Sie sich dabei wieder an den Schablonen am Ende des Buches.

4 Verbinden Sie beide Seiten der Konstruktion miteinander. Dazu bringen Sie zuerst unten zwei Stäbe diagonal zu den übrigen an. Dann in Höhe des Futternapfes zwei gerade verlaufende Bambusstücke befestigen.

5 Vier Löcher in das Dach-Material bohren. Lösen Sie die Clips oben und entfernen Sie die diagonal verlaufenden Stäbe. Schieben Sie das Dach auf die vertikalen Stäbe bis zu den Dachträgern. Die langen Diagonalstäbe oben festbinden.

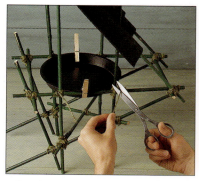

6 Schneiden Sie überstehende Schnurenden ab, und befestigen Sie den Futternapf mit zwei Wäscheklammern. Hängen Sie einen Schneebesen als Halterung für Meisenknödel oder Nüsse oben an die langen Diagonalstäbe.

Taubenschlag

Ein halbes Dutzend Tauben findet hier bequem Platz. Wenn das nicht ausreicht, erhöhen Sie einfach die Anzahl der Stockwerke. Der Taubenschlag kann an der Wand befestigt oder auf einem Pfosten montiert werden.

Das brauchen Sie

Bleistift
Lineal
Winkel
Sperrholz, 12 mm und 6 mm
Stichsäge
Kiefernbretter, 20 mm
Fuchsschwanz
Kiefernleisten, 20 x 45 mm
Sandpapier
Holzleim
Nägel
Hammer
Bohrer
Schrauben
Schraubenzieher
Farbe
Pinsel
Selbstklebende Dachfolie
Werkzeugmesser
Unterlage
Metalllineal

Typische Bewohnerin

Taube

1 Zeichnen Sie die Rückwand nach der Schablone am Ende des Buches auf 12 mm dickes Sperrholz, und schneiden Sie sie mit der Stichsäge aus. Die Dachflächen und die vorderen Bögen werden aus 6 mm dickem Sperrholz ausgesägt.

2 Zeichen Sie die Kiefernholzteile nach Schablone auf 20 mm dicke Bretter und sägen Sie sie aus. Für die Seiten und das Mittelteil brauchen Sie breite Bretter. Schmirgeln Sie alle Oberflächen.

3 Verbinden Sie Seiten und Mittelteil miteinander, indem sie die vorderen Leisten aufkleben und festnageln. Nun die hinteren Leisten in die Kerben hinten am Mittelteil einpassen und diese in der Mitte und an den Seiten festnageln.

4 Bohren Sie die Schraubenlöcher in der Rückwand vor. Befestigen Sie die Rückwand mit Leim und Schrauben am Rahmen. Streichen Sie den Rahmen und die Bögen für die Vorderseite, und lassen Sie alles trocknen. Kleben Sie die Teile für die Vorderseite an, und nageln Sie sie fest.

5 Beziehen Sie die kleinen Dachteile mit selbstklebender Dachfolie und das große Dachteil mit Dachfolienstreifen. Fangen Sie unten an, die Streifen müssen waagrecht verlaufen und sollen sich überlappen. Oben muss ein Stück überstehen, das nach der Montage an der Rückwand befestigt wird.

6 Nageln Sie die restlichen Teile in dieser Reihenfolge zusammen: zuerst die kleinen Dachteile, dann die Böden und zuletzt das Hauptdach. Schrauben Sie den Taubenschlag von innen her an der Wand fest. Vorsicht, die Konstruktion ist schwer.

Ziegelhäuschen

Ein Vogelhaus muss Schutz vor der Witterung und Sicherheit bieten. Ästhetische Gesichtspunkte sollten dieser Bedingung immer nachgeordnet sein.

Das brauchen Sie

Bleistift
Lineal
Kiefernbretter, 20 mm
Fuchsschwanz
Bohrer
Holzleim
Nägel
Hammer
Emaillefarben
Pinsel
Papier
Schere
Selbsthärtenden Ton in Terrakottafarbe
Brett
Nudelholz
Messer
Kleber auf Epoxydharzbasis
Stumpfes Modellierholz
Acrylfarben
Lack für den Außenbereich, seidenmatt
Lackpinsel
Schiefer
Gesichtsmaske
Metallsäge

Typischer Bewohner

Spatz

1 Schneiden Sie die Teile nach der Schablone aus Brettern aus. Bohren Sie aber nur an einer Seite ein Einflugloch. Leimen und nageln Sie das Vogelhaus zusammen. Tür und Fenster aufmalen.

2 Fertigen Sie Papiervorlagen von Seiten und Vorderteil an. Jetzt Einflugloch, Tür und Fenster ausschneiden. Rollen Sie nun den Ton 8 mm dick aus. Legen Sie die Vorlagen auf den Ton, und schneiden Sie diesen zurecht.

3 Bestreichen Sie die Vorderseite des Häuschens mit Epoxydharzkleber. Die aufgemalte Tür und das Fenster werden dabei ausgespart. Platzieren Sie den Ton vorsichtig darauf, und korrigieren Sie gegebenenfalls die Position.

4 Ritzen Sie mit einem stumpfen Werkzeug das Mauerwerk um Fenster und Tür ein. Nun ein Lineal in den Ton drücken, um die waagrechten Linien für die normalen Ziegel vorzugeben. Ritzen Sie die Ziegel mit dem Modellierwerkzeug ein. Wiederholen Sie den Vorgang bei den Seitenteilen.

5 Malen Sie einige der Ziegel mit Acrylfarben an, um Schattierungen wie bei echtem Mauerwerk zu erreichen. Lassen Sie das Ganze trocknen, und versiegeln Sie es mit Seidenmattlack für den Außenbereich.

6 Schneiden Sie ein Stück Schiefer zurecht (Gesichtsmaske tragen!). Vor dem Durchschneiden die Seitenkanten zuerst ansägen. Bohren Sie vier Löcher für die Nägel, und befestigen Sie das Dach an den Seitenwänden des Hauses.

Arche Noah

Diese Miniaturarche aus massivem Kiefernholz besitzt ein abnehmbares, mit Folie bezogenes Dach. Sie können die Arche in eine Astgabel stellen und mit Schnur befestigen.

Das brauchen Sie

Papier
Bleistift
Lineal
Winkel
Schere
Kiefernbretter, 20 mm
Eventuell Reißbrettstift
Schweifsäge
Bohrer
Sandpapier
Fuchsschwanz
Holzleim
Nägel
Hammer
Schraubstock
Sperrholz, 4 mm
Vierkantkiefernlatten, 20 mm
Acrylfarben
Pinsel
Bootslack
Lackpinsel
Selbstklebende Dachfolie

Typische Bewohnerin

Meise

1 Pausen Sie die Schablonen am Ende des Buches auf Papier, und schneiden Sie sie aus. Zeichnen Sie die Vorlage für den Rumpf auf ein 20 mm dickes Kiefernbrett. Wenn nötig, das Papier mit einem Reißbrettstift fixieren.

2 Mit einer Schweifsäge werden die Umrisse der Rumpfteile einschließlich der Aussparungen für Bug und Heck ausgesägt.

3 Sägen Sie die Vierecke in der Mitte der Rumpfteile heraus. Bohren Sie dazu zunächst innerhalb des Vierecks ein Anfangsloch für das Sägeblatt. Glätten Sie alle Oberflächen mit Sandpapier.

4 Zeichnen Sie die Teile für die Kabine auf, und sägen Sie sie mit dem Fuchsschwanz aus. In die eine Schmalseite wird ein Einflugloch gesägt. Leimen und nageln Sie die Teile zusammen.

5 Befestigen Sie die umgedrehte Kabine in einem Schraubstock. Leimen Sie das oberste Rumpfsegment von unten an die Kabine und nageln Sie es fest. Kontrollieren Sie vorher, ob das Segment mittig liegt.

6 Leimen und nageln Sie der Größe nach ein Rumpfsegment nach dem anderen fest. Das Bug- und Heckteil nur einsetzen, um die Segmente auszurichten. Beide werden erst später festgeklebt.

7 Wenn alle Rumpfsegmente befestigt sind, leimen und nageln Sie die Bodenplatte fest.

8 Wenn der Leim vollständig trocken ist, legen Sie den Rumpf auf die Seite. Erst jetzt Bug- und Heckteil festleimen und -nageln.

9 Für das Dach sägen Sie nach den Angaben auf der Schablone aus Sperrholz zwei Teile aus. Leimen und nageln Sie sie zusammen (siehe Abbildung), und verstärken Sie die Verbindungsstelle mit einer Kiefernleiste.

10 Streichen Sie Rumpf und Kabine, und lackieren Sie mehrfach über die trockene Farbe. Schneiden Sie die Dachfolie in Streifen, die so lang sind, dass sie unter dem Dachrand eingeschlagen werden können. Die eine Seite der Streifen wird zu einem Bogenrand (Dachziegeloptik) geschnitten.

11 Schneiden Sie in den letzten Streifen auf beiden Seiten Bogenränder, und kleben Sie ihn mittig über den First.

12 Bohren Sie schließlich durch die Giebelseiten des Hauses ein Loch in die Firstverstärkung (Kiefernleiste), und befestigen Sie das Dach locker mit zwei Nägeln.

Nistkasten für Blaumeisen

Dieser Nistkasten für Blaumeisen erinnert an die Architektur englischer Badeorte des 19. Jahrhunderts. Eine interessante Laubsägearbeit, die aber Übung und Geduld erfordert. Doch wenn Ihre Kreation erst einmal an der Gartenmauer hängt, ist alle Mühe schnell vergessen.

Das brauchen Sie

Lineal
Bleistift
Schweifsäge
Kiefernbretter, 20 mm
Fuchsschwanz
Hobel
Holzdübel, 8 mm
Sperrholz, 4 mm
Bohrer
Laubsäge
Sägebrett
Schmirgelpapier
Holzleim
Beschichtete Drahtstifte
Hammer
Nägel
Wasserfarben (Kobaltblau, Umbra, Türkisblau, Ockergelb und Gebr. Siena)
Pinsel
Vaseline
2 Flügelscharniere mit Schrauben
Turmalinpatina
Weiße Emulsionsfarbe (Latex)
Lötlampe
Schiffslack, seidenmatt
Schraubenzieher

Typischer Bewohner

Blaumeise

1 Boden, Rücken, Seiten und Deckel des Kastens mit Hilfe der Schablonen auf Kiefernholz zeichnen und die Teile aussägen. Jetzt Seitenteile einkerben und die Kanten von Boden und Deckel glatt hobeln. Schneiden Sie den Holzdübel als Sitzstange zurecht.

2 Zeichnen Sie Rücken- und Vorderteil, den Rahmen des Fluglochs und die Schmuckplatte für die vordere Deckelseite auf das Sperrholz. Diese Teile sowie ein 25 mm großes Flugloch mit der Laubsäge aussägen. Schmirgeln Sie die Oberflächen ab.

3 Seiten, Boden und Träger zusammenleimen und mit Drahtstiften sichern. Kleben und nageln Sie die Laubsägeplatte vorne auf. Bohren Sie ein Loch für die Stange und kleben Sie sie ein. Danach Vorderteil und Seiten zusammenleimen und -nageln.

4 Lösen Sie Kobaltblau und Umbra zu gleichen Teilen in Wasser und streichen Sie den Kasten damit. Wenn die Farbe trocken ist, eine dünne Schicht Vaseline mit den Fingern verteilen. Die Scharniere mit Turmalinpatina behandeln, damit sie antik wirken.

5 Bearbeiten Sie die Teile getrennt. Emulsionsfarbe auftragen und mit der Lampe trocknen, damit die Farbe verwittert wirkt. Setzen Sie der Emulsion Türkis und Ocker zu. Damit streichen Sie den Rahmen um das Loch und die Rückenplatte.

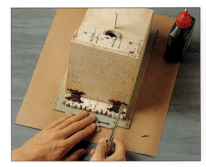

6 Leimen und nageln Sie die Rückenplatte auf den Kasten. Ocker und Siena mischen und die Farbe bis zur gewünschten Wirkung auftragen. Versiegeln Sie die Flächen nach dem Trocknen mit Lack. Als Letztes Scharniere festschrauben und das Dach befestigen.

Unter schützendem Dach

Dieses Vogelhaus ist zweigeteilt. Jede Seite besitzt ihr eigenes Einflugloch, daher ist es besonders für größere, in Kolonien lebende Vögel wie Stare geeignet. Ein alter Firstziegel ist dekorativ, bietet Schutz und ist gleichzeitig so schwer, dass das Häuschen nicht zusätzlich befestigt werden muss.

Das brauchen Sie

Bleistift
Lineal
Kiefernbretter, 20 mm
Fuchsschwanz
Bohrer
Lochsäge
Sandpapier
Holzleim
Galvanisierte Nägel
Hammer
Farbe
Pinsel
Firstziegel

Typischer
Bewohner

Star

1 Zeichnen Sie die Teile nach Schablone auf, und sägen Sie sie aus. Dabei die Dachneigung dem Firstziegel anpassen. Bohren Sie an jeder Seite ein Einflugloch und schmirgeln Sie alle Oberflächen ab.

2 Leimen und nageln Sie den Boden an die Seitenteile. Dann die Mitte des Kastens markieren und die Trennwand festkleben.

3 Leimen und nageln Sie die Giebelseiten an die Seitenteile. Die Außenwände streichen und die Farbe trocknen lassen.

4 Setzen Sie den Firstziegel oben auf das Vogelhaus. Das fertige Häuschen kann auf einem Pfosten montiert oder einfach in mittlerer Höhe an einem ruhigen Ort aufgestellt werden.

Nest im Stiefel

Damit der Stiefel nicht umfällt, ist er halb mit Kieseln gefüllt. Ein kleiner Korb gibt eine hervorragende Nestunterlage ab. Dekorieren Sie das Dach mit Samenschoten oder ähnlichem. Besonders Kinder werden von diesem Vogelhäuschen begeistert sein.

Das brauchen Sie

Gummistiefel
Schere
Kies
Rundes Körbchen
Ahle
Schnur
Stöckchen
Epoxydharzkleber
Vorhangring aus Holz
Stoffhandschuhe
Hühnerdraht
Drahtschere
Kleine Zange
Korbfutter aus Sisal
Nadel mit großem Öhr
Raffiabast
Interessante Samenschoten
Gartendraht

Typische Bewohnerin

Meise

1 Stutzen Sie den Stiefel auf passende Größe zurecht, und schneiden Sie im oberen Bereich ein kleines Einflugloch aus. Füllen Sie die untere Hälfte mit Kieseln, und setzen Sie unterhalb des Einfluglochs ein rundes Körbchen ein.

2 Stechen Sie unterhalb des Einfluglochs zwei kleine Löcher. Nun ein langes Stück Schnur hindurchfädeln und die Stöckchen damit zu einer Leiter binden. Kleben Sie den hölzernen Vorhangring als Verstärkung über das Einflugloch.

3 Schneiden Sie für das Dach mit der Drahtschere einen Halbkreis aus Hühnerdraht aus, und legen Sie ihn zu einem Kegel zusammen. Verzwirbeln Sie die Drahtenden mit der Zange.

4 Legen Sie ein Stück Sisalmatte über den Kegel, und pressen Sie den Drahtrand in die Matte. Die Kanten von Matte und Draht werden eingeschlagen.

5 Vernähen Sie nun die Verbindungsnaht in Kreuzstichtechnik mit Raffiabast, und säumen Sie auch die unteren Kanten mit Kreuzstichen. Stecken Sie die Samenschote oben in das Dach und kleben Sie sie fest.

6 Bringen Sie in regelmäßigen Abständen am oberen Stiefelrand vier Doppellöcher an. Schneiden Sie vier Stücke Gartendraht ab, und befestigen Sie das Dach damit. Die Drahtenden werden verzwirbelt und überstehende Enden abgeschnitten.

Blockhaus für Rotkehlchen

Rotkehlchen lieben nach vorne offene Nistkästen und dieser hier passt sich vorzüglich in die natürliche Umgebung ein. Bringen Sie es möglichst durch dornige Zweige geschützt weit unten und in ausreichender Entfernung von anderen Vogelhäusern an.

Das brauchen Sie

Haselzweige
Lineal
Bleistift
Fuchsschwanz
Spannstock
Hammer
Nägel
Quadratisches
Plastikschälchen (Seitenlänge 10 cm)
Grasboden
Messer

Typische Bewohner

Rotkehlchen
Goldfink

1 Wählen Sie gerade, gleich dicke Zweige, und schneiden Sie mit dem Fuchsschwanz (Spannstock benutzen) die entsprechende Länge zurecht. Sie brauchen: Vier vertikale Pfosten (15 cm), zehn Stöckchen für den Boden (12 cm) und etwa 50 für die Seiten (10 cm).

2 Bauen Sie die erste Seite zusammen, indem Sie die 10 cm langen Stöckchen gegen zwei vertikale Pfosten nageln. Den gleichen Vorgang auf der anderen Seite wiederholen.

3 Verbinden Sie die beiden Seitenteile, indem Sie Stöckchen von oben nach unten gegen die Rückseite nageln.

4 Drehen Sie den Kasten um. Dann oben an der Vorderseite ein Stöckchen festnageln. Lassen Sie eine etwa 5 cm große Lücke, und nageln Sie die restlichen Stöckchen an der Vorderseite fest. Bauen Sie aus 12 cm langen Stöckchen einen Boden.

5 Bringen Sie oben am Kasten auf jeder Seite zusätzlich zwei kurze Stöckchen an.

6 Setzen Sie das Plastikschälchen an der Oberseite so ein, dass es auf den vertikalen Pfosten ruht. Nun wird ein passendes Stück Grasboden zurechtgeschnitten und in das Schälchen gelegt.

Häuschen mit Strohdach

So lange bestimmte Grundvoraussetzungen erfüllt sind, haben Sie bei der Gestaltung freie Hand. Bringen Sie diesen Nistkasten für Spatzen an einer ruhigen Stelle an, die Tiere sind gegenüber Störungen sehr empfindlich. Im Winter finden die Vögel hier einen gemütlichen Schlafplatz.

Das brauchen Sie

Bleistift
Lineal
Winkel
Holzfaserplatte mittelhart (HFM), 6 mm
Fuchsschwanz
Bohrer
Holzleim
Kreppband
Kleine Metallöse und Haken
Selbstklebende Dachfolie
Werkzeugmesser
Unterlage
Metalllineal
Fertigzementmörtel für Fliesen
Palettenmesser (breites, abgerundetes Messer)
Aquariumkies
Korbfutter aus Sisal
Dispersionskleber
Pinsel
Raffiabast
Nadel mit großem Öhr
Wäscheklammern
Wässrige braune Wasserfarbe
Mattierung
Lackpinsel

Typischer Bewohner

Spatz

1 Zeichnen Sie die Teile nach den Schablonen hinten im Buch auf Holzfaserplatte auf, und sägen Sie sie aus. Bohren Sie auf der Vorderseite ein Einflugloch (siehe Abbildung). Eventuell auf der Rückseite ein kleines Loch für die Aufhängung bohren.

2 Leimen Sie Boden und Wände und halten Sie sie mit Kreppband zusammen, bis der Leim trocken ist. Schrauben Sie von der hinteren oberen Ecke der rechten Wand her eine Öse ein.

3 Schneiden Sie einen 13 cm breiten Streifen in Länge des Dachfirstes aus Folie aus. Beide Dachteile nebeneinander legen. Einen Spalt freilassen, damit das Dach aufschwingen kann. Überziehen Sie nun den First mit Dachfolie.

4 Entfernen Sie das Kreppband. Bedecken Sie jeweils ein kleines Stück Wand mit Zementmörtel, und pressen Sie den Aquariumkies fest hinein. Für die Umgebung des Einfluglochs sollten dunklere Steine gewählt werden. Wiederholen Sie den Vorgang, bis die Wände komplett bedeckt sind.

5 Die Sisalmatte mit verdünntem Dispersionskleber bestreichen, trocknen lassen. Schneiden Sie ein 28 x 14 cm großes Rechteck und einen Streifen von 15 x 7,5 cm zurecht. Sticken Sie zwei Reihen große Kreuzstiche in die Seitenkanten. Den Streifen auf die für das Dach vorgesehene Matte kleben und nähen.

6 Kleben Sie die Sisalmatte auf das Dach. Leimen Sie die linke Dachhälfte an den Wänden fest. Fixieren Sie alles (siehe Foto). Den Haken hinten rechts am Dach einschrauben. Bemalen Sie den Zement mit brauner Wasserfarbe. Nach dem Trocknen mit Mattierung versiegeln.

Geflochtener Futterspender

Besonders malerisch ist dieser Futterspender aus ungeschälten Weidenruten. Das kegelförmige Dach wird mit Moos gefüllt, das nicht nur für zusätzliches Gewicht sorgt, sondern gleichzeitig als Nistmaterial dient.

Das brauchen Sie

Ca. 150 Weidenruten
Messer oder Durchziehnadel
Wäscheklammern
Gartenschere
Ahle (optional)
Schnur
Bleistift oder Kugelschreiber
6 lange Efeuranken
Glyzerin (optional)
Moos
Gartenschnur

Typische Besucher

Grasmücke
Ammer

1 Schneiden Sie sechs Weidenruten auf eine Länge von 23 cm zurecht (vom dicken Ende aus gemessen). Schlitzen Sie drei der Ruten in der Mitte mit einem Messer ein, und ziehen Sie die drei anderen Ruten hindurch, so dass ein Kreuz entsteht. Dabei müssen immer jeweils ein dickes und ein dünnes Ende nebeneinander liegen. Schieben Sie die Ruten zusammen.

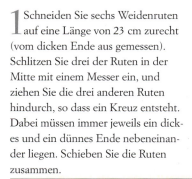

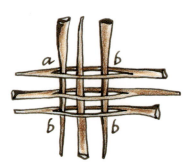

2 Stecken Sie die Spitzen von zwei langen Ruten links von den kurzen Ruten in die Schlitze, und halten Sie das Ganze an den geschlitzten Ruten fest. Führen Sie eine lange Rute zuerst vor drei Querruten und dann hinter den nächsten drei Ruten entlang. Nun wird eine zweite Rute zuerst hinter drei Querruten und dann vor den folgenden drei entlanggeführt, so dass sie die erste Rute bei b kreuzt. Wiederholen Sie diesen Vorgang zwei Runden. Ziehen Sie die Querruten wie Radspeichen auseinander und flechten Sie weiter.

3 Achten Sie darauf, dass Hinterende an Hinterende und Spitze an Spitze zu liegen kommt. Die neue Rute liegt links unter dem Ende der alten. Diese endet auf einer Querrute, die neue Rute wird darüber geführt. Setzen Sie jeweils zwei neue Ruten gleichzeitig an nebeneinander liegende Querruten an. Nun weiterflechten, bis der Boden etwa einen Durchmesser von 18 cm erreicht hat. Mit dem spitzen Ende der Ruten aufhören. Befestigen Sie die Enden mit einer Wäscheklammer, überstehende Querruten abschneiden.

4 Nehmen Sie 12 neue Ruten, und schneiden Sie das dicke Ende zu einem dünnen Keil zurecht. Stecken Sie die neuen Ruten links von den Querruten tief in den Boden. Wenn nötig das Geflecht zuvor mit einer Durchziehnadel oder Ahle lockern.

5 Kerben Sie die neuen Ruten dort, wo sie aus dem Korbboden ragen, mit einem Messer oder dem Daumen ein und biegen Sie sie vorsichtig senkrecht nach oben. Binden Sie die Ruten oben mit Schnur zusammen. Führen Sie drei Webruten mit der Spitze voran ein, und zwar so, dass Sie jeweils rechts von drei benachbarten senkrechten Ruten zu liegen kommen. Die linke Webrute wird vor zwei senkrechten Ruten hinter der dritten entlanggeführt. Ihr Ende wird wieder nach vorne gelegt.

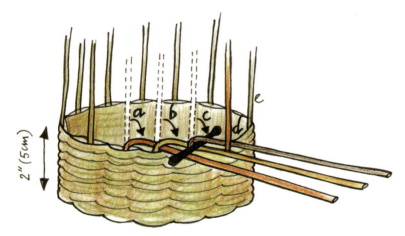

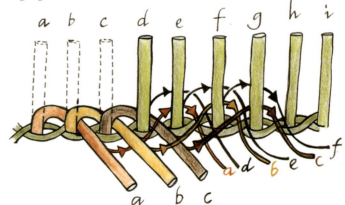

6 Wiederholen Sie den Vorgang mit der zweiten und dritten Rute. Setzen Sie das Ganze fort, bis die Korbwand 5 cm hoch ist. Dabei drücken Sie das Geflecht immer wieder nach unten. Setzen Sie immer rechts von drei alten Ruten drei neue Ruten ein (Hinterende an Hinterende bzw. Spitze an Spitze). Wenn das Unterteil hoch genug ist, biegen Sie die senkrechten Ruten über einen Stift, der etwa doppelt so dick wie die Ruten ist. Dann wie in der Zeichnung die erste Rute (a) hinter der zweiten (b) nach vorne biegen. Biegen Sie auch (b) hinter (c) und (c) hinter (d) nach vorne.

7 Kantenabschluss: Rute (a) verläuft vor (c) und (d), aber hinter (e) und endet vorne. (d) wird umgebogen und kommt rechts neben (a) zu liegen. Rute (b) verläuft vor (d) und (e), aber hinter (f) und endet vorne. (e) wird umgebogen und kommt rechts neben (b) zu liegen. (c) verläuft vor (e) und (f), aber hinter (g) und endet vorne. (f) liegt rechts neben (c). Damit haben wir drei Rutenpaare (ad), (be) und (cf). Setzen Sie am gesamten Rand den Vorgang mit drei Rutenpaaren fort. Beginnen Sie immer mit dem äußersten linken Paar (ad), aber benutzen Sie jeweils die rechten Ruten (d), (e) und (f). Führen Sie die Ruten immer zweimal vor und einmal hinter den senkrechten Ruten entlang. Dann biegen Sie die nächste senkrechte Rute um (g), (h) und (i), bis eine senkrechte Rute übrig bleibt.

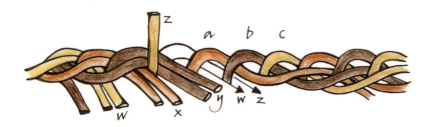

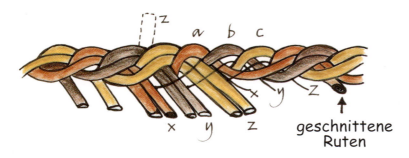

geschnittene
Ruten

8 Für den Abschluss mit dem äußersten linken Paar beginnen. Die rechte Rute verläuft jeweils vor zwei der ursprünglich senkrechten (inzwischen umgebogenen) Ruten, aber hinter der dritten und tritt durch die von (a), (b) und (c) gebildeten Bögen aus. Ziehen Sie alle Ruten gut fest. Die Enden rund um den Korb sauber abschneiden.

9 Für den Dachrahmen 12 Ruten auf 30 cm Länge zurechtschneiden. Binden Sie sie 5 cm unterhalb der Spitze fest mit Efeuranken zusammen. Die Efeublätter entfernen oder für einige Tage konservieren, indem man sie in einer Mischung aus Wasser und Glyzerin (zu gleichen Teilen) tränkt. Biegen Sie eine Rute zu einem runden Rahmen, der etwas größer als der Korb ist. Befestigen Sie links von einer senkrechten Rute zwei lange Efeuranken (ohne Blätter). Schlingen Sie jetzt eine Ranke oberhalb, die andere unterhalb des runden Rahmens um eine senkrechte Rute. Beide Ranken so um den Rahmen führen, dass sie sich zwischen der ersten und der zweiten senkrechten Rute kreuzen, und dann um die zweite Rute und den Rahmen schlingen. Wiederholen Sie den Vorgang so oft wie erforderlich. Flechten Sie das Dach nach dem Muster der Seitenwände mit je drei Ruten. Wechseln Sie dann zu Rutenpaaren, die abwechselnd vor und hinter den senkrechten Ruten verlaufen. Flechten Sie mit einer einzigen Rute, die abwechselnd vorne und hinten geführt wird, so weit wie möglich nach oben. Anschließend das Dach mit Moos ausstopfen.

10 Um das Moos zu befestigen, die Gartenschnur von einer senkrechten Rute zur anderen unter das Dach binden, so dass ein sternförmiges Muster entsteht. Kürzen Sie vier Ruten auf 20 cm Länge, und schneiden Sie beide Enden zu flachen Keilen. Stecken Sie die Ruten in gleichmäßigen Abständen in das Korbgeflecht von Dach und Boden. Wenn nötig, das Geflecht mit der Ahle lockern.

Nest im Moos

Dieses gemütliche Häuschen, das sich an den Nestern des Zaunkönigs orientiert, besteht aus plastikbeschichtetem Hühnerdraht und Moos. Bringen Sie es an einer versteckten Stelle tief unten im Unterholz an oder zwischen Baumwurzeln an einer Uferböschung. Hauptsache der Boden ist trocken.

1 Aus Hühnerdraht ein Quadrat von etwa 30 cm Seitenlänge ausschneiden, und mit großen Blättern belegen. Schneiden Sie nun aus Sisal ein Quadrat gleicher Größe aus, und legen Sie es auf die Blätter.

2 Schlagen Sie alle vier Ecken zur Mitte hin ein, und verzwirbeln Sie die abgeschnittenen Drahtenden, um die Seiten miteinander zu verbinden. Die Mitte bleibt offen. Biegen Sie die Drahtenden um, damit sich die Vögel nicht an scharfen Spitzen verletzten.

3 Das Drahtgebilde an Vorder- und Rückseite bauchig auseinanderziehen, so dass das Nest darin Platz findet.

4 Ziehen Sie vorsichtig ein Haarnetz über das Nest. Das Einflugloch dabei aussparen.

5 Stopfen Sie gleichmäßig Moos zwischen Nest und Haarnetz, bis der Hühnerdraht völlig damit bedeckt ist.

6 Aus Seegrasschnur einen Ring für das Einflugloch formen, und mit Gartendraht umwickeln. Befestigen Sie den Ring mit Draht am Einflugloch.

Unterschlupf für Mauersegler

Mauersegler bevorzugen tunnelförmige Kästen. Sie nehmen zwar gelegentlich auch vertikale Einfluglöcher an, ein horizontal angebrachter Eingang verhindert aber die Konkurrenz mit Spatzen und Staren.

Das brauchen Sie

Bleistift
Lineal
Winkel
Kiefernbretter, 20 mm
Fuchsschwanz
Vierkantleisten aus
Kiefer, 20 mm
Papier
Laubsäge
Sägebrett
Hammer
Nägel
Holzleim
Nut-und-Feder-Brett
Bohrer
Sandpapier
Emulsionsfarbe (Latex),
kremfarben und schwarz
Pinsel
Selbstklebende Dachfolie
Schere

Typischer Bewohner

Mauersegler

1 Zeichnen Sie alle Teile außer der Vorderseite nach Schablone auf Kiefernbretter auf, und sägen Sie sie aus. Die Leisten für Vorderseite und Dach zurechtschneiden. Fertigen Sie für das Einflugloch an der einen Seite des Unterteils eine Papiervorlage an, und sägen Sie das Loch mit der Laubsäge aus.

2 Leimen und nageln Sie das Unterteil an die Rückseite des Kastens. Ebenso mit den Endstücken verfahren. Die obere Leiste einsetzen. Schneiden Sie das Nut-und-Feder-Brett in 15 cm lange Stücke, und nageln Sie diese vorne auf die Leiste und das Unterteil.

3 Bohren Sie an jeder Verbindungsstelle ein 15 mm großes Loch. Unten einen Zackenrand schneiden. Bohren Sie für die Befestigung an der Wand zwei Löcher in die Rückseite. Schmirgeln Sie den Kasten, streichen Sie ihn, und lassen Sie die Farbe trocknen.

4 Befestigen Sie die beiden Leisten unten am Dach. Die Unterseite schwarz streichen. Überziehen Sie die Oberseite des Dachs mit selbstklebender Folie, und montieren Sie das Dach auf dem Kasten. Lassen Sie den letzten Streifen Dachfolie so weit überstehen, dass er bis auf die Rückwand des Kastens reicht.

Briefkasten

Ausgehöhlte Holzpfähle eignen sich hervorragend als Nistkästen und können sowohl frei stehen als auch in den Gartenzaun integriert werden. Die selbstklebende Folie schützt vor Regen und verhindert, dass das Holz splittert.

1 Bohren Sie mit dem 25-mm-Einsatz 5 cm vom Ende entfernt ein Einflugloch in die Pfostenseite. Das Ende mit dem Bohrer bis zu einer Tiefe von 15 cm aushöhlen.

2 Entfernen Sie stehen gebliebene Reste mit dem Meißel.

3 Umwickeln Sie das Ende des Pfostens mit selbstklebender Dachfolie. Die Folie in der Mitte des Einfluglochs einstechen, und sie zu den Rändern hin einschneiden. Schlagen Sie die Folie ins Loch hinein um.

4 Schneiden Sie aus Bleiblech einen Kreis für den Deckel aus. Nun ein Viertel davon herausschneiden. Das Bleiblech zwischen zwei Holzreste klemmen und eine Schneidekante um 90° falten. Die zweite Kante zweimal um 90° falten.

5 Biegen Sie die Dachpappe zu einem Kegel, und pressen Sie die Enden mit der Zange zusammen. Drücken Sie die Nahtstelle auf dem Kegel flach.

6 Das Dach mit zwei Nägeln am Pfosten befestigen. Einen Nagel etwas hervorstehen lassen, damit Sie gegebenenfalls Zugang zum Nistkasten haben.

Vogelbad aus Chrom

Im Deckel eines Abfalleimers mit sanft abfallenden Seiten können kleine Vögel plantschen, gleichzeitig ist das Wasser in der Mitte tief genug für größere Vögel. Eine unter dem Bad angebrachte Wärmelampe verhindert, dass das Wasser im Winter zufriert.

Das brauchen Sie

Metallsäge
Deckel eines galvanisierten Abfalleimers
Stoffhandschuhe
Zange
Zylinderförmige Käsereibe
Runden Zaunpfahl in Größe der Reibe
Galvanisierte Nägel
Hammer
Wärmelampe

Typische Bewohner

Spatz
Star
Amsel
Hänfling

1 Sägen Sie den Deckelgriff mit einer Metallsäge in der Mitte durch und biegen Sie beide Seiten mit der Zange zurück.

2 Mit der Zange den Griff von der Käsereibe entfernen. Tragen Sie dabei Schutzhandschuhe.

3 Schieben Sie das schmale Ende der Käsereibe auf den Pfosten, und befestigen Sie sie mit galvanisierten Nägeln. Benutzen Sie dabei die Befestigungslöcher für den Griff.

4 Die beiden Hälften des Deckelgriffs zusammenbiegen, und in das breite Ende der Reibe schieben. Damit das Wasser nicht gefriert, bringen Sie im Inneren der Reibe eine Wärmelampe an.

Für kleine Künstler

Wenn Sie das Interesse Ihrer Kinder an Vögeln wecken wollen, bauen Sie mit Ihnen ein Vogelhaus. Die Kleinen werden begeistert sein, wenn tatsächlich Vögel in dem selbst entworfenen und dekorierten Haus nisten. Dieses hier wurde von dem abgebildeten Mädchen gestaltet.

Das brauchen Sie

Fotokopierer
Zeichnung
Transparentes Klebeband
Sperrholz, 6 mm und 12 mm
Laubsäge
Sägebrett
Bohrer
Sandpapier
Farben
Pinsel
Lack
Bleistift
Lineal
Winkel
Fuchsschwanz
Holzleim
Nägel
Hammer
Selbstklebende Dachfolie
Mirror plates (Spiegelhalter)
Schrauben
Schraubendreher

Typische Bewohnerin

Meise

1 Fotokopieren Sie die Zeichnung Ihres Kindes, und vergrößern bzw. verkleinern Sie sie dabei entsprechend. Die Fotokopie mit Klebeband auf einer 6 mm dicken Sperrholzplatte befestigen, und den Umriss mit der Laubsäge aussägen (Sägebrett unterlegen). Bohren Sie das Einfluglloch, und glätten Sie die Oberfläche. Lassen Sie das Kind die Vorderseite anmalen, und lackieren Sie sie mehrfach.

2 Zeichnen Sie nach den angegebenen Maßen alle Teile des Nistkastens auf 12 mm dickes Sperrholz, und sägen Sie sie aus. Die Oberflächen schmirgeln, den Kasten leimen und nageln. Bohren Sie vorne am Kasten ein Einfluglloch (selbe Größe wie unter 1.).

3 Leimen und nageln Sie die bemalte Vorderfront auf den Kasten, so dass die Einfluglöcher übereinander liegen. Das Dach zusammenbauen, und mit selbstklebender Dachfolie überziehen. Lassen Sie am oberen Ende des Dachs so viel Folie überstehen, dass sie am Kasten befestigt werden kann. Leimen Sie auf die Rückseite des Kastens in die Mitte eine Leiste, die oben und unten einige Zentimeter übersteht. Nageln oder schrauben Sie den Kasten hier an die Wand.

Entenhaus

Querstreben sorgen dafür, dass die Enten auf der Rampe nicht ausrutschen. Steht das Haus auf dem Land, können Sie die Standbeine mit entsprechenden Kappen schützen.

Das brauchen Sie

Kiefernbretter, 20 mm
Vierkantlatten aus
Kiefernholz, 45 mm
Kiefernlatten, 20 x 45 mm
Bretter mit überfälzter Fuge
Bleistift
Lineal
Winkel
Fuchsschwanz
Stichsäge
Sandpapier
Holzleim
Nägel
Hammer
Farbe für den Außenbereich
Pinsel
Wellblech für Dächer
Schaumstoffpolster
Spezialschrauben mit
Abdeckkappen für Dächer
Schraubenzieher
Balkonbretter oder imprägniertes Holz

Typische Bewohnerin

Ente

1 Alle Teile nach den Schablonen am Ende des Buches aufzeichnen und aussägen.

2 Schneiden Sie die geschwungenen Dachleisten und die Bogenöffnung mit der Stichsäge aus. Schmirgeln Sie alle Kanten ab.

3 Zwei der Standbeine auf eine große flache Arbeitsfläche legen, und die Querstrebe mit Holzleim und Nägeln befestigen.

4 Drehen Sie die Gestellkonstruktion um, und befestigen Sie die geschwungene Dachleiste. Wiederholen Sie den Vorgang mit den anderen beiden Standbeinen.

5 Vorder- und Rückenteil mit den beiden unteren Querstreben verbinden. Nageln Sie die Streben an der Innenseite der Standbeine fest.

6 Die oberen Seitenleisten auf beiden Außenseiten der Beine befestigen.

7 Setzen Sie Rückwand und Seitenteile aus Brettern mit überfälzter Fuge zusammen. Das oberste Stück festleimen und nageln. Die Nägel erst ganz hineintreiben, wenn das untere Teil festgeleimt und -genagelt ist.

8 Verfahren Sie auf der Vorderseite genauso, aber befestigen Sie zuerst die Torseiten. Achten Sie darauf, dass sie gerade sitzen, damit das fertige Haus nicht schlampig wirkt.

9 Setzen Sie die vier Eckpfosten ein. Streichen Sie das Haus innen und außen. Den Boden auf den Querstreben einsetzen.

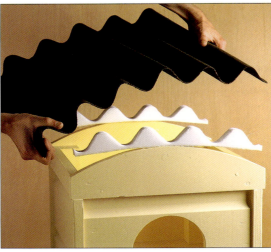

10 Schneiden Sie für das Dach ein Stück Wellblech zurecht. Zwei passende Schaumstoffbögen ausschneiden und hinter den Bögen von Vorder- und Rückwand einsetzen. Platzieren Sie das Dach mittig darauf.

11 Befestigen Sie das Dach mit speziellen Schrauben und Abdeckkappen für Dächer an Vorder- und Rückwand.

12 Bauen Sie aus zwei Balkonbrettern, die Sie mit Querstreben verbinden, eine einfache Rampe. Am oberen Ende eine zusätzliche Querstrebe von hinten gegen die Rampe nageln, mit der diese an der Leiste unter der Tür hängt.

Nistmaterial – dekorativ präsentiert

Dieser Behälter sieht nicht nur elegant aus, sondern ist auch funktional. Füllen Sie ihn während der Nistzeit regelmäßig mit Woll-, Pelz-, Stoff-, Stroh- und sogar Haarresten.

Das brauchen Sie

Hühnerdraht, ca. 25 cm breit
Stoffhandschuhe
Drahtschere
Kleine Zange
Dünnen und dicken
Gartendraht
Plastikteller
Ahle
Deckel einer Kaffeedose
(Blechdose)
Kleber auf Epoxydharzbasis
Große Holzperle

Typische Besucher

Fink
Spatz

1 Schneiden Sie ein rechteckiges Stück Hühnerdraht zurecht, und rollen Sie es zu einem Zylinder zusammen. Die Drahtenden miteinander verzwirbeln. Drücken Sie das untere Ende des Zylinders mit der Zange fest zusammen.

2 Messen Sie von oben her etwa ein Drittel der Gesamtlänge, und drücken Sie dort den Draht mit der Zange zu einem Flaschenhals zusammen. Die Maschen in der Mitte zu einem bauchigen Behälter auseinander zupfen.

3 Den oberen Rand des Behälters auseinander ziehen. Binden Sie den unteren Rand mit dünnem grünem Gartendraht zusammen, und sichern Sie beide Drahtenden.

4 Am oberen Rand des Behälters in regelmäßigen Abständen vier dickere Drahtstücke befestigen.

5 Erhitzen Sie eine Ahle und stechen Sie vier Löcher in den Rand des Plastiktellers. Fädeln Sie den Teller mit der Unterseite nach oben auf die Drähte, und kleben Sie den Deckel einer Kaffeedose (Blechdose) als Futter- bzw. Wassernapf auf.

6 Die vier Drähte zu einem Strang zusammen drehen und eine große Holzperle auffädeln. Zupfen Sie die Drähte sorgfältig zurecht.

Unterschlupf in der Muschel

Das Nest aus Papiermaché wird jedes Jahr ausgetauscht, die Halterung aus Hühnerdraht hält länger. Befestigen Sie es mit zwei Schraubhaken an einer trockenen Stelle unter dem Dachvorsprung. Die Jakobsmuschel ist reine Dekoration.

Das brauchen Sie

Zeitung
Wasserschüssel
Plastikschüssel
Tapetenkleister
Kleisterpinsel
Schere
Wellpappe
Bleistift
Kreppband
Acrylfarben
Farbpinsel
Hühnerdraht
Stoffhandschuhe
Drahtschere
Kleine Zange
Bohrer
Jakobsmuschel
Blumendraht

Typische Bewohner

Schwalbe
Meise

1 Eine Zeitung in kleine Fetzen reißen, und die Schnipsel in Wasser einweichen. Legen Sie eine Plastikschüssel zur Hälfte mit nassem Papier ohne Kleister aus.

2 Mit dem Pinsel großzügig Kleister auf der Papierschicht verteilen. Wiederholen Sie den gesamten Vorgang sechsmal. Alles an einem warmen Ort trocknen lassen.

3 Wenn die Papiermaché völlig trocken ist, aus der Plastik-schüssel nehmen. Schneiden Sie überstehende Enden ab, so dass eine saubere Viertelkugel entsteht. Aus Wellpappe einen Halbkreis für die Rückwand ausschneiden.

4 Befestigen Sie die Pappe mit Kreppband, und tragen Sie zur Verstärkung an der Rückwand und an den Verbin-dungsstellen mehrere Schichten Papier und Kleister auf.

5 Streichen Sie das Nest in verschiedenen Erd-
tönen. Ein Stück Hühnerdraht zurechtschneiden, und um das Nest wickeln. Verbinden Sie die
Drahtenden an den Seiten.

6 Pressen Sie den Hühnerdraht mit der Zange
in Form. Bohren Sie zwei kleine Löcher oben
und eines unten in die Muschelschale. Mit Draht
am Nest befestigen.

Weidenrutennest

Halbe Kokosnüsse eignen sich durch ihre Form und Größe ausgezeichnet als Rastplatz für wandermüde Vögel. Hier werden zwei Hälften in ein Bündel Weidenruten eingesetzt, mit Seegrasgeflecht zu einem Nest ergänzt und in die Erde gesteckt.

Das brauchen Sie

Ca. 15 Weidenruten
Geraden Stock oder
Bambusstab
Hölzernen Serviettenring
Kokosnuss
Säge
Messer
Raffiabast
Seegrasschnur
Schere

Typischer Bewohner

Zaunkönig

1 Die Weidenruten über Nacht einweichen, damit sie biegsam werden, und mit dem Serviettenring an einem Stock befestigen. Sägen Sie eine Kokosnuss in der Mitte durch, und lösen Sie das Fruchtfleisch heraus. Binden Sie die Weidenruten an der Spitze mit Raffiabast zusammen.

2 Die Kokosnusshälften einsetzen. Vom Rand der unteren Hälfte beginnend, Seegrasschnur durch die Weidenruten flechten.

3 Eine Lücke aussparen, indem Sie die Schnur nach hinten umschlagen und in die entgegengesetzte Richtung flechten. Diesen Vorgang etwa vier Runden lang wiederholen.

4 Weben Sie über dem Loch noch einmal drei komplette Runden, und setzen Sie die obere Kokosnusshälfte über dem gewebten Stück ein. Wenn nötig, die Ruten oben noch einmal fest zusammenbinden, damit die Nuss nicht verrutscht.

Nisten im hohlen Baumstamm

Suchen Sie sich einen schönen Baumstamm aus. Je nach Größe können Sie ihn für verschiedene Arten gestalten. Bemooste Stämme und Weißbirke wirken besonders apart. Nehmen Sie keine Stämme mit Knorren oder Ästen, sie lassen sich nicht sauber zerteilen.

Das brauchen Sie

2 Baumstammstücke
Bleistift
Lineal
Meißel
Holzhammer
Bohrer
Säge
Hammer
Nägel
Gartendraht
Schere
Zange

Typischer Bewohner

Star
Specht

1 Am Ende des einen Stammes ein Viereck markieren, und mit Meißel und Hammer eine Seite ablösen. Wichtig ist, dass Sie den Stamm gerade entlang der Linie zerteilen.

2 Lösen Sie die übrigen Seitenteile auf gleiche Weise von dem Viereck in der Mitte. In eines der Seitenteile ein Einflugloch bohren.

3 Vom Mittelblock eine 20 mm dicke Scheibe absägen.

4 Nehmen Sie dieses Stück als Boden, und setzen Sie den Stamm wieder zusammen. Die vier Seiten zusammennageln.

5 Wickeln Sie ein Stück Gartendraht oben um den Nistkasten, und verzwirbeln Sie die Enden, so dass die Seitenteile fest zusammengehalten werden.

6 Zerteilen Sie den zweiten Stamm als Dach für den Nistkasten. Mit einem langen Nagel befestigen, damit es leicht aufschwingen kann.

Schwingendes Vogelhaus

Dieser Nistkasten aus Sperrholz ist etwas für die Akrobaten unter den Vögeln. Das abnehmbare Dach ist mit Dachfolie bezogen, und das ganze Häuschen hängt an einer Schnur. Besseren Schutz vor Raubtieren bietet gefetteter Draht.

Das brauchen Sie

Papier
Bleistift
Schere
Sperrholz, 6 mm
Bohrer
Sandpapier
Laubsäge
Sägebrett
18 x 6 mm Leiste mit D-Profil
Fuchsschwanz
Holzleim
Nägel
Hammer
Holzreste
Lack
Pinsel
Selbstklebende Dachfolie
Messer
Unterlage
Schnur oder Draht

Typische Bewohner

Meise
Zaunkönig

1 Kopieren Sie die Schablonen hinten im Buch, schneiden Sie sie aus und markieren Sie Dach- und Bodenteile danach auf dünnem Sperrholz. In eine Seite ein Einflugloch bohren und die Kanten schmirgeln.

2 Schneiden Sie mit Laubsäge und Sägebrett die Sperrholzteile aus. Sägen Sie dann die D-Profilleiste für den Boden in 10 cm bzw. für das Dach in 15 cm lange Stücke.

3 Nun die Leistenstücke mit der flachen Seite am Unterteil festleimen und nageln. Arbeiten Sie von der Mitte nach außen.

4 Fertigen Sie aus einem Holzrest eine einfache Schablone an, die so breit wie der Kasten ist und an der Sie den Abstand zwischen den Dachteilen messen. Verfahren Sie mit den Dachlatten wie für das Unterteil beschrieben, lassen Sie aber zu beiden Seiten ein Stück überstehen.

5 Am Unterteil etwa 6 mm unterhalb des Seitenrands eine Linie ziehen, und die Leisten bis dorthin zurückschneiden, so dass sich Dach und Unterteil überlappen. Lackieren Sie den Kasten.

6 Schneiden Sie einen 15 cm breiten Streifen Dachfolie in Größe des Daches zurecht, und kleben Sie ihn sauber auf die Leisten. Wenn Sie wollen, können Sie die Folie auch mit dem Hammer aufklopfen. Als Aufhängung ein Stück Schnur nehmen.

Futterbaum aus Küchengeräten

Für diese extravagante Skulptur wurden Küchen- und Haushaltsgeräte auf originelle Weise zweckentfremdet. In den Sieben kann sich kein Regenwasser sammeln, und der kugelförmige Schneebesen an der Spitze dient als Halter für Meisenknödel.

Das brauchen Sie

Klemmen
Metallsiebe
Holzblock
Holzreste
Stoffhandschuhe
Besenstiel
Nägel
Hammer
Galvanisierten Eimer
Große Kieselsteine
Holzlöffel
Sandpapier
Runden Schneebesen
Metallsäge oder Drahtschere
Galvanisierten Draht

Typische Besucher

Taube
Star
Drossel
Eichelhäher

1 Klemmen Sie die Siebgriffe unter einen Holzblock, und knicken Sie sie um 90°. Diese dann mit der Hand so weit biegen, dass sie auf den Besenstiel passen.

2 Nageln Sie einen Holzrest unten an den Besenstiel, und beschweren Sie ihn mit großen Kieselsteinen, so dass der Stiel fest im Eimer verankert ist.

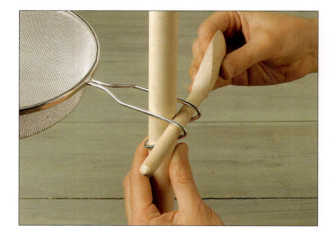

3 Platzieren Sie die Siebe am Besenstiel. Zur Befestigung schieben Sie durch den umgebogenen Griff einen Holzlöffel. Der Besenstiel muss an der entsprechenden Stelle mit Sandpapier aufgeraut werden.

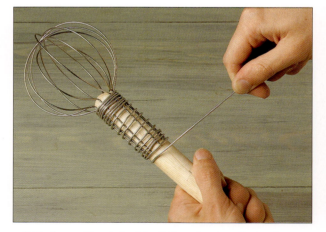

4 Entfernen Sie mit der Metallsäge oder einer Drahtschere den Griff eines runden Schneebesens, und binden Sie ihn mit galvanisiertem Draht als Halter für die Meisenknödel oben an den Besenstiel.

Schablonen

Auf jeder Schablone sind genaue Maße angegeben, halten Sie sich bitte daran. Wenn Ihnen zum Vergrößern kein Fotokopierer zur Verfügung steht, können Sie die Zeichnungen auch durchpausen und ein Gitternetz aus gleich großen Karos einzeichnen. Zeichnen Sie auf ein zweites Blatt Papier ein Gitter aus größeren Karos und übertragen Sie die Umrisse Feld für Feld.

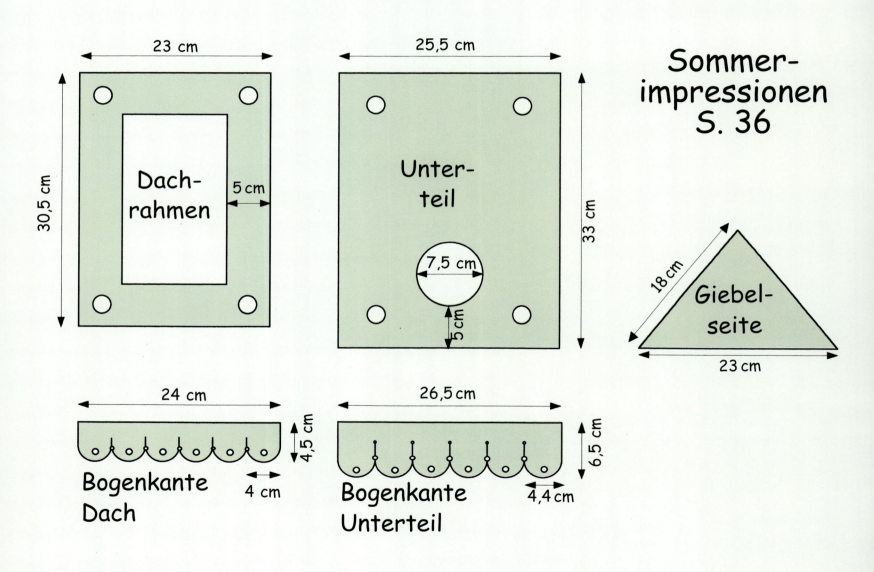

23 cm

30,5 cm

Dach-rahmen

5 cm

25,5 cm

Unter-teil

33 cm

7,5 cm

5 cm

Sommer-impressionen S. 36

18 cm

Giebel-seite

23 cm

24 cm

4,5 cm

Bogenkante Dach

4 cm

26,5 cm

6,5 cm

Bogenkante Unterteil

4,4 cm

Improvisation aus Bambus
S. 38

A – diagonal 2 x 46 cm

B – flach 2 x 40 cm

C – hinten diagonal 2 x 33 cm

D – Dachträger diagonal
  2 x 54 cm

E – Standbein 4 x 90 cm

F – gerader Träger 2 x 25 cm

G – oben diagonal 2 x 50 cm

H – unten diagonal 2 x 30 cm

Aufriss Front

13 cm

G

E   E

D

10 cm

6 cm

4 cm

B

C

A

11 cm

16 cm

23 cm

Aufriss Seite

G

E   E

17 cm
Nach außen

oben

G   G

H   H

unten

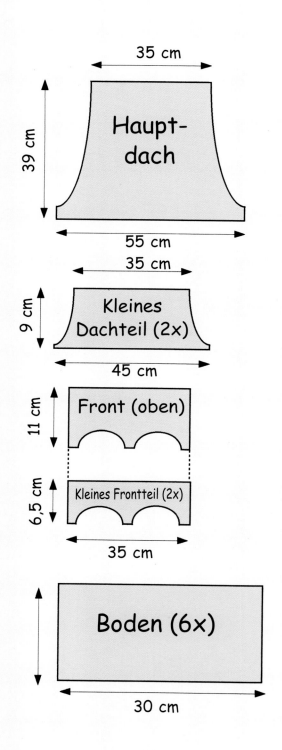

35 cm

Haupt-dach

39 cm

55 cm

35 cm

Kleines Dachteil (2x)

9 cm

45 cm

Front (oben)

11 cm

Kleines Frontteil (2x)

6,5 cm

35 cm

Boden (6x)

30 cm

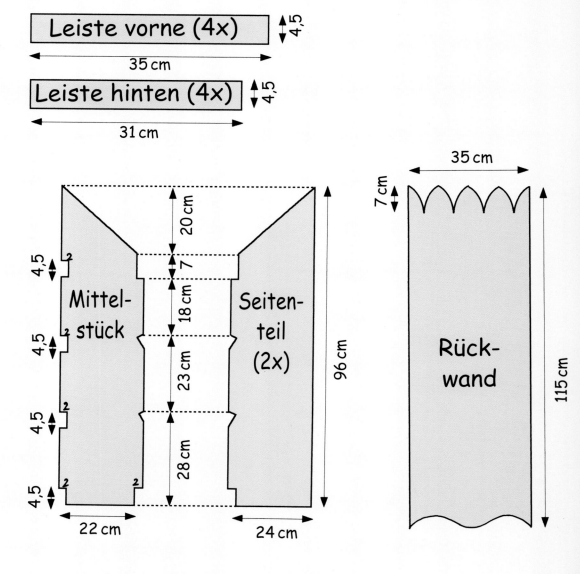

Leiste vorne (4x)   4,5

35 cm

Leiste hinten (4x)   4,5

31 cm

20 cm

7

4,5   2

Mittel-stück

18 cm

4,5

23 cm

Seiten-teil (2x)

96 cm

4,5   2

28 cm

4,5   2   2

22 cm

24 cm

35 cm

7 cm

Rück-wand

115 cm

Taubenschlag S. 40

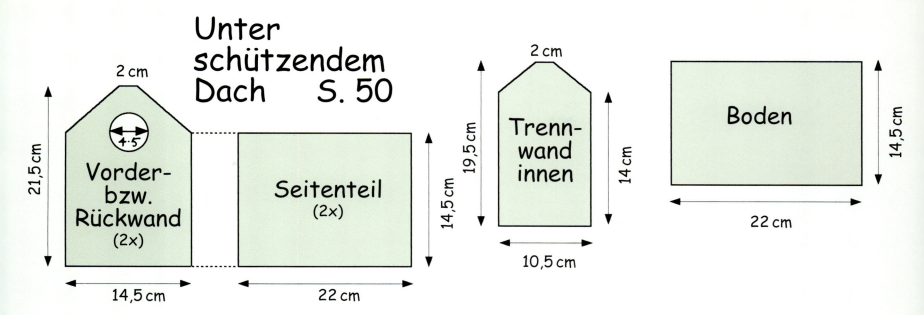

Unter schützendem Dach   S. 50

2 cm

21,5 cm

Vorder-
bzw.
Rückwand
(2x)

4·5

14,5 cm

Seitenteil
(2x)

14,5 cm

22 cm

2 cm

19,5 cm

Trenn-
wand
innen

14 cm

10,5 cm

Boden

14,5 cm

22 cm

Für kleine Künstler   S. 70

1,2 cm

20 cm

Vorder-
bzw.
Rückwand
(2x)

2·5

10 cm

Seiten-
teil
(2x)

15 cm

15 cm

Dach

22   100   105   2   2   22

12,5 cm

Boden

10 cm

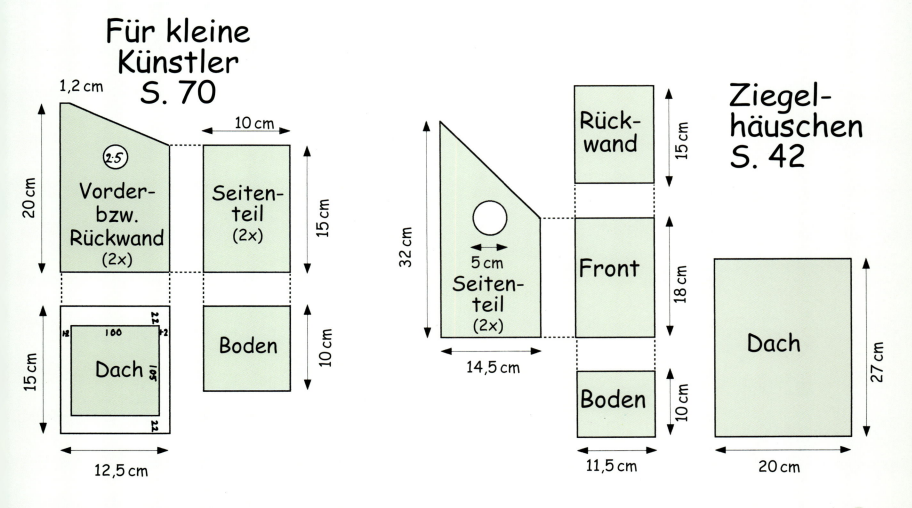

Ziegel-häuschen   S. 42

32 cm

Seiten-
teil
(2x)

5 cm

14,5 cm

Rück-
wand

15 cm

Front

18 cm

Boden

10 cm

11,5 cm

Dach

27 cm

20 cm

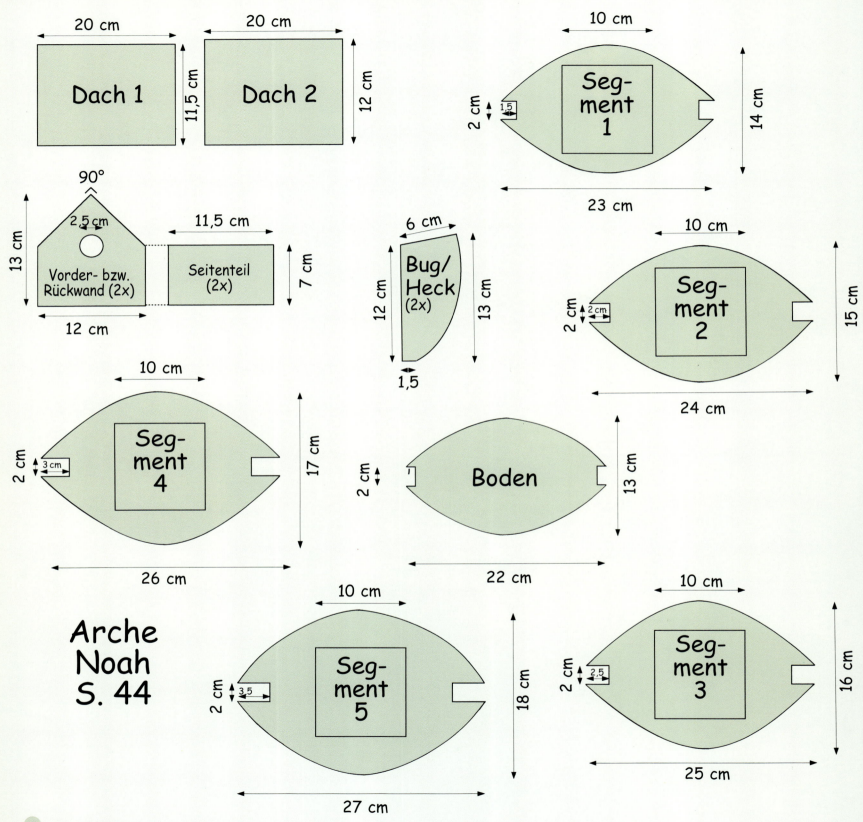

20 cm
Dach 1
11,5 cm

20 cm
Dach 2
12 cm

10 cm
Segment 1
2 cm
1,5
14 cm
23 cm

90°
2,5 cm
13 cm
Vorder- bzw. Rückwand (2x)
12 cm

11,5 cm
Seitenteil (2x)
7 cm

6 cm
Bug/ Heck (2x)
12 cm
13 cm
1,5

10 cm
Segment 2
2 cm
2 cm
15 cm
24 cm

10 cm
Segment 4
2 cm
3 cm
17 cm
26 cm

Boden
2 cm
13 cm
22 cm

Arche Noah S. 44

10 cm
Segment 5
2 cm
3,5
18 cm
27 cm

10 cm
Segment 3
2 cm
2,5
16 cm
25 cm

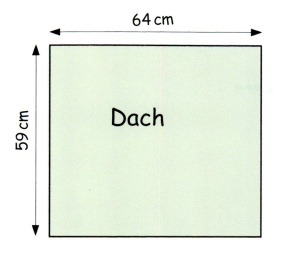

Entenhaus S. 72

Briefkasten S. 66

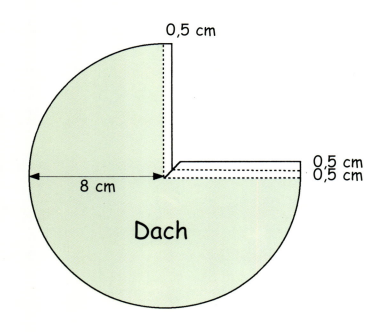

0,5 cm

8 cm

0,5 cm
0,5 cm

Dach

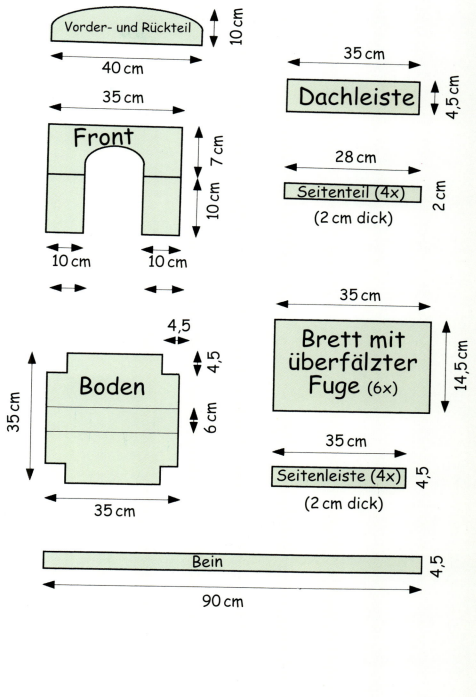

Vorder- und Rückteil

10 cm

40 cm

35 cm

Dachleiste

4,5 cm

35 cm

Front

7 cm

10 cm

10 cm

10 cm

28 cm

Seitenteil (4x)

2 cm

(2 cm dick)

4,5

4,5

Boden

35 cm

6 cm

35 cm

35 cm

Brett mit
überfälzter
Fuge (6x)

14,5 cm

35 cm

Seitenleiste (4x)

4,5

(2 cm dick)

Bein

4,5

90 cm

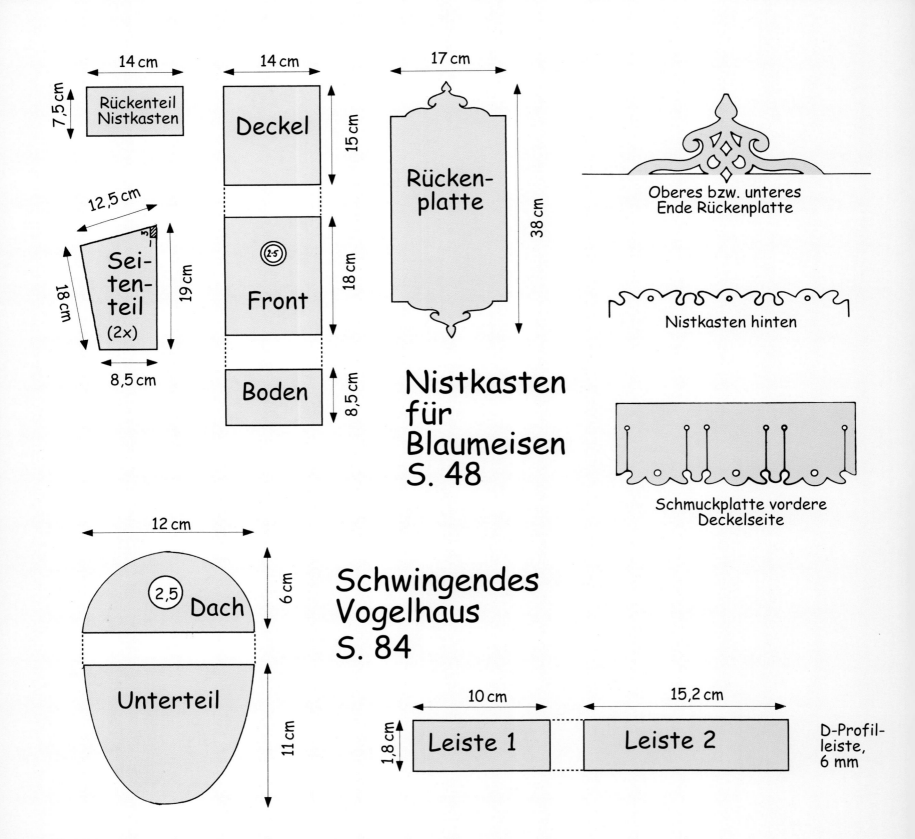

14 cm

Rückenteil
Nistkasten

7,5 cm

12,5 cm

Sei-
ten-
teil

(2x)

18 cm

19 cm

8,5 cm

14 cm

Deckel

15 cm

(2·5)

Front

18 cm

Boden

8,5 cm

17 cm

Rücken-
platte

38 cm

Nistkasten
für
Blaumeisen
S. 48

Oberes bzw. unteres
Ende Rückenplatte

Nistkasten hinten

Schmuckplatte vordere
Deckelseite

12 cm

(2,5) Dach

6 cm

Unterteil

11 cm

Schwingendes
Vogelhaus
S. 84

10 cm

15,2 cm

1,8 cm

Leiste 1

Leiste 2

D-Profil-
leiste,
6 mm

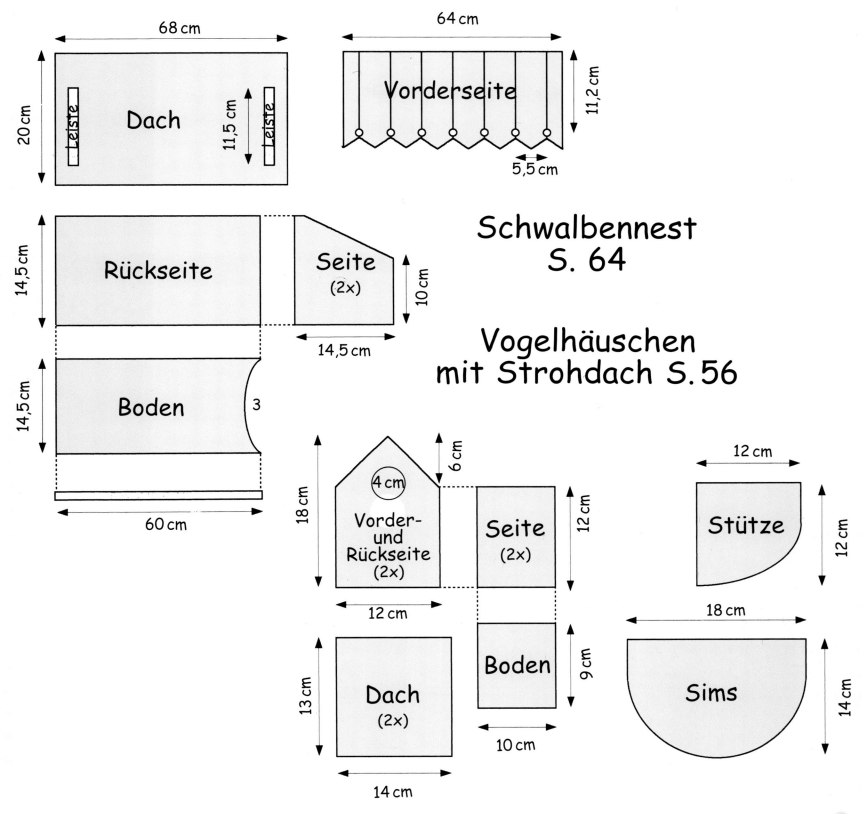

68 cm

20 cm

Dach

Leiste

11,5 cm

Leiste

64 cm

Vorderseite

11,2 cm

5,5 cm

14,5 cm

Rückseite

Seite (2x)

10 cm

14,5 cm

14,5 cm

Boden

3

60 cm

Schwalbennest
S. 64

Vogelhäuschen
mit Strohdach S. 56

6 cm

18 cm

4 cm

Vorder- und Rückseite (2x)

12 cm

Seite (2x)

12 cm

Boden

9 cm

10 cm

13 cm

Dach (2x)

14 cm

12 cm

Stütze

12 cm

18 cm

Sims

14 cm

Register

Danksagung
Die Vogelhäuser in diesem Buch wurden von den nachfolgend genannten Personen gestaltet. Verlag und Autorin bedanken sich dafür. Mary Maguire: Überraschungen für Gourmets, Futterspender aus Drahtgeflecht, Süße Leckerei, Futterspender aus Kokosnuss, Flaschenfütterung, Vogelhäuser dekorieren, Ziegelhäuschen, Nest im Stiefel, Häuschen mit Strohdach, Etwas für kleine Künstler, Baumaterial – dekorativ präsentiert; Vicky Hurst: Tontopf; Clare Andrews: Sommerimpressionen und Nistkasten für Blaumeisen; Andrew Gillmore: Bambusimprovisation, Taubenschlag, Arche Noah, Unter schützendem Dach, Blockhaus für Rotkehlchen, Nest im Moos, Unterschlupf für Mauersegler, Briefkasten, Vogelbad aus Chrom, Entenhaus, Weidenrutennest, Nisten im hohlen Baumstamm, Schwingendes Vogelhaus, Futterbaum aus Küchengeräten; Sandy Spalton: Geflochtener Futterspender aus Weide.

Danksagung der Autorin
Ich danke Rupert Skinner für seine ausgezeichnete Modellierarbeit, Andrew Gillmore für seine kreativen Beiträge und seine Unterstützung bei der Entwicklung der Anleitungen, Peter Williams für die fantastischen Fotos und Gilly Sutton dafür, dass wir ihren Garten benutzen durften. Ich bedanke mich bei John Peterson in Riverwood dafür, dass er uns das strohgedeckte Häuschen auf Seite 8 geliehen hat und bei der British Ornithological Society für die wertvollen Informationen.

Fotos
Bruce Coleman Collection S. 10, FLPA S.7, S. 11, 12, 13b und 15, Garden Wildlife Matters Photo Library S. 9 und The Garden Picture Library S. 14.